ITINÉRAIRES DE DÉCOUVERTES



# TOUS LES CHÂTEAUX DE LA LOIRE ET LEURS ENVIRONS

TEXTE GILLES DU PONTAVICE PHOTOGRAPHIES RICHARD VOLANTE

Editions OUEST-FRANCE

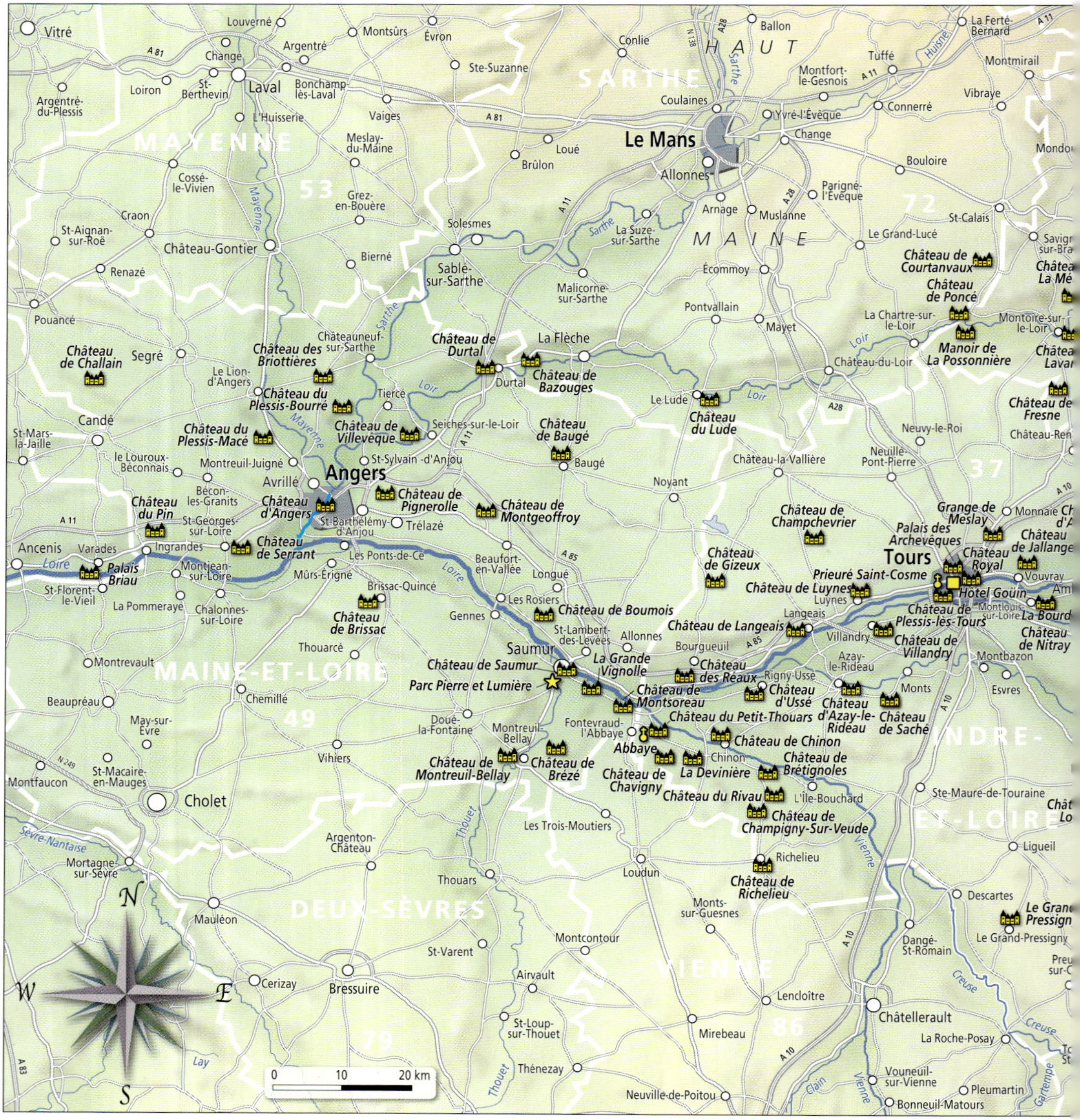

MAYENNE
53
SARTHE
HAUT
MAINE
72
MAINE-ET-LOIRE
49
INDRE-ET-LOIRE
37
DEUX-SÈVRES
79
VIENNE
86
Vitré
Louverné
Montsûrs
Évron
Argentré
Change
Laval
Loiron
St-Berthevin
Bonchamp-lès-Laval
Argentré-du-Plessis
L'Huisserie
Vaiges
Ste-Suzanne
Meslay-du-Maine
Cossé-le-Vivien
Grez-en-Bouère
Craon
St-Aignan-sur-Roë
Château-Gontier
Renazé
Bierné
Solesmes
Sablé-sur-Sarthe
Pouancé
Château de Challain
Segré
Château des Briottières
Châteauneuf-sur-Sarthe
Le Lion-d'Angers
Château du Plessis-Bourré
Tiercé
Château de Durtal
Durtal
La Flèche
Château de Bazouges
Château de Villevêque
Seiches-sur-le-Loir
Château du Plessis-Macé
Candé
St-Mars-la-Jaille
le Louroux-Béconnais
Montreuil-Juigné
St-Sylvain-d'Anjou
Angers
Avrillé
Béconles-Granits
Château d'Angers
Château du Pin
St-Georges-sur-Loire
St-Barthélemy-d'Anjou
Trélazé
Château de Pignerolle
Château de Montgeoffroy
Ancenis
Varades
Ingrandes
Château de Serrant
Les Ponts-de-Cé
Palais Briau
Montjean-sur-Loire
Mûrs-Érigné
St-Florent-le-Vieil
La Pommeraye
Chalonnes-sur-Loire
Brissac-Quincé
Château de Brissac
Beaufort-en-Vallée
Longué
Les Rosiers
Gennes
Château de Boumois
Thouarcé
Montrevault
Beaupréau
Chemillé
Saumur
Château de Saumur
Parc Pierre et Lumière
St-Lambert-des-Levées
Allonnes
La Grande Vignolle
Doué-la-Fontaine
May-sur-Èvre
St-Macaire-en-Mauges
Montfaucon
Cholet
Vihiers
Montreuil-Bellay
Château de Montreuil-Bellay
Château de Brézé
Fontevraud-l'Abbaye
Abbaye
Château de Chavigny
Argenton-Château
Les Trois-Moutiers
Thouars
Mortagne-sur-Sèvre
Mauléon
Sèvre Nantaise
Loudun
Monts-sur-Guesnes
Moncontour
St-Varent
Airvault
Cerizay
Bressuire
St-Loup-sur-Thouet
Thénezay
Neuville-de-Poitou
Mirebeau
Lencloître
Châtellerault
La Roche-Posay
Vouneuil-sur-Vienne
Bonneuil-Matours
Pleumartin
Dangé-St-Romain
Le Grand-Pressigny
Le Grand Pressigny
Descartes
Ligueil
Ste-Maure-de-Touraine
Richelieu
Château de Richelieu
Château de Champigny-Sur-Veude
Château du Rivau
L'Île-Bouchard
Château de Brétignoles
La Devinière
Chinon
Château de Chinon
Château du Petit-Thouars
Château de Montsoreau
Château des Réaux
Bourgueil
Rigny-Ussé
Château d'Ussé
Château d'Azay-le-Rideau
Azay-le-Rideau
Château de Saché
Monts
Château de Villandry
Villandry
Château de Langeais
Langeais
Château de Luynes
Luynes
Château de Gizeux
Château de Champchevrier
Noyant
Baugé
Château de Baugé
Château-la-Vallière
Le Lude
Château du Lude
Prieuré Saint-Cosme
Tours
Palais des Archevêques
Grange de Meslay
Château Royal
Hôtel Goüin
Château de Plessis-lès-Tours
Montlouis-sur-Loire
Château de Jallange
Vouvray
Monnaie
La Bourdaisière
Château de Nitray
Montbazon
Esvres
Neuillé-Pont-Pierre
Neuvy-le-Roi
Château-Renault
Château de Fresne
Château-du-Loir
Manoir de La Possonnière
La Chartre-sur-le-Loir
Château de Poncé
Château de Courtanvaux
Montoire-sur-le-Loir
Le Grand-Lucé
St-Calais
Bouloire
Parigné-l'Évêque
Mulsanne
Arnage
Allonnes
Le Mans
Yvré-l'Évêque
Change
Coulaines
Conlie
Ballon
Montfort-le-Gesnois
Tuffé
Connerré
La Ferté-Bernard
Montmirail
Vibraye
Loué
Brûlon
La Suze-sur-Sarthe
Malicorne-sur-Sarthe
Écommoy
Pontvallain
Mayet
Loire
Loir
Sarthe
Mayenne
Huisne
Thouet
Vienne
Creuse
Clain
Gartempe
Lay
Sèvre Nantaise
A 11
A 81
A 28
A 85
A 10
A 83
N 138
N 249
0
10
20 km
N
S
E
W

Bonneval
Toury
Pithiviers
Souppes-sur-Loing
Dordives
Château-Landon
Orgères-en-Beauce
Beaune-la-Rolande
Ferrières
Château de Montigny-le-Gannelon
Châteaudun
Château de Châteaudun
Artenay
Patay
Neuville-aux-Bois
Château de Chamerolles
LOIRET
Châlette-sur-Loing
Cloyes-sur-le-Loir
Montargis
Amilly
Saran
Bellegarde
Villemandeur
Orléans
Fleury-les-Aubrais
Ouzouer-le-Marché
Fontaines
Morée
Hôtel Groslot
Hôtel Cabu
St-Jean-de-la-Ruelle
Château de Châteauneuf-sur-Loire
Châteaurenard
Charny
St-Jean-le-Blanc
Chécy
Lorris
La Chapelle-St-Mesmin
Châteauneuf-sur-Loire
Marchenoir
Château de Meung-sur-Loire
Meung-sur-Loire
St-Denis-en-Val
Jargeau
Oucques
Cléry-St-André
Oratoire
Châtillon-Coligny
Vendôme
Château de Dunois
Basilique de Cléry-Saint-André
St-Benoît-sur-Loire
Abbaye Bénédictine
Le Poteau
Château de Talcy
Beaugency
Ouzouer-sur-Loire
Sully-sur-Loire
Selommes
La Ferté-St-Aubin
Château de Sully-sur-Loire
Château de La Bussière
Bléneau
Mer
St-Laurent-Nouan
Château de La Ferté-Saint-Aubin
Château de Gien
Gien
Château de Pont-Chevron
La Chaussée-St-Victor
Château de Chambord
Isdes
Cerdon
Château de Saint-Brisson-sur-Loire
Briare
St-Fargeau
Château de Ménars
Chambord
Lamotte-Beuvron
Pont-Canal de Briare
Herbault
Blois
Château Royal
Vineuil
Château de Villesavin
Neung-sur-Beuvron
Château de Blancafort
Châtillon-sur-Loire
Bonny-sur-Loire
Clémont
Onzain
Château de Beauregard
Bracieux
Argent-sur-Sauldre
St-Amand-en-Puisaye
Cour-Cheverny
Chaumont-sur-Loire
Château de Troussay
Château de Cheverny
Aubigny-sur-Nère
Château des Stuarts
Léré
Château de Chaumont-sur-Loire
Vailly-sur-Sauldre
Château de Fougères-sur-Bièvre
Contres
Salbris
Château de La Verrerie
Cosne-Cours-sur-Loire
Clos-Lucé
Château de Chemery
Château du Moulin
Montrichard
Château du Gué-Péan
Romorantin-Lanthenay
La Chapelle-d'Angillon
Château de Boucard
Sancerre
Donzy
Chenonceaux
Villefranche-sur-Cher
Neuvy-sur-Barangeon
Henrichemont
Château du Nozet
Selles-sur-Cher
Mennetou
Pouilly-sur-Loire
St-Aignan
Château de Saint-Aignan
Château de Selles-sur-Cher
Château de Menetou-Salon
Château de Maupas
Morogues
Chabris
Vierzon
St-Martin-d'Auxigny
Menetou-Salon
Montrésor
Château de Montrésor
Valençay
St-Christophe-en-Bazelle
Massay
Mehun-sur-Yèvre
Les Aix-d'Angillon
La Charité-sur-Loire
Chartreuse du Liget
Château de Valencay
Graçay
Lury-sur-Arnon
Sancergues
Écueillé
Vatan
Reuilly
Bourges
Baugy
INDRE
Chârost
Avord
Nérondes
Fourchambault
Nevers
Châtillon-sur-Indre
Levroux
St-Florent-sur-Cher
Issoudun
CHER
La Guerche-sur-l'Aubois
Buzançais
Dun-sur-Auron
Mézières-en-Brenne
Déols
Châteauneuf-sur-Cher
Sancoins
St-Maur
Châteauroux
St-Amand-Montrond
Charenton-du-Cher
St-Pierre-le-Moûtier
BRENNE
Le Poinçonnet
Ardentes
Lignières
Lurcy-Lévis
Loire
Loir
Cher
Sauldre
Beuvron
Indre
Loing
Essonne
Auron
Allier
Canal Latéral à la Loire
C. de Briare
28
45
41
18
36
A 10
A 71
A 77
A 20
A 6
A 19
N 60

# La Loire angevine

D'Angers à Saumur, la Loire angevine se souvient de la cour du roi René, duc d'Anjou, mais aussi roi de Naples et de Jérusalem... Le comté d'Anjou fut créé au X<sup>e</sup> siècle pour contenir les Normands, qui depuis longtemps lançaient des raids en empruntant la Loire.

L'un des premiers comtes d'Anjou fut Foulques Nerra le Noir (972-1040), guerrier infatigable qui combattit dans les Mauges, en Touraine, en Vendômois... Il fut aussi un grand bâtisseur, dont on trouve un peu partout disséminés les formidables donjons. Ajoutons qu'il en détruisit beaucoup d'autres !

Avec Geoffroi Plantagenêt, l'Anjou passa en mains anglaises, puis fut réunie à la Couronne française. C'est entre 1356, quand Jean le Bon créa le duché d'Anjou

Page de gauche
**Depuis la célèbre enluminure des *Très Riches Heures du duc de Berry,* la silhouette du château de Saumur n'a pas changé.**

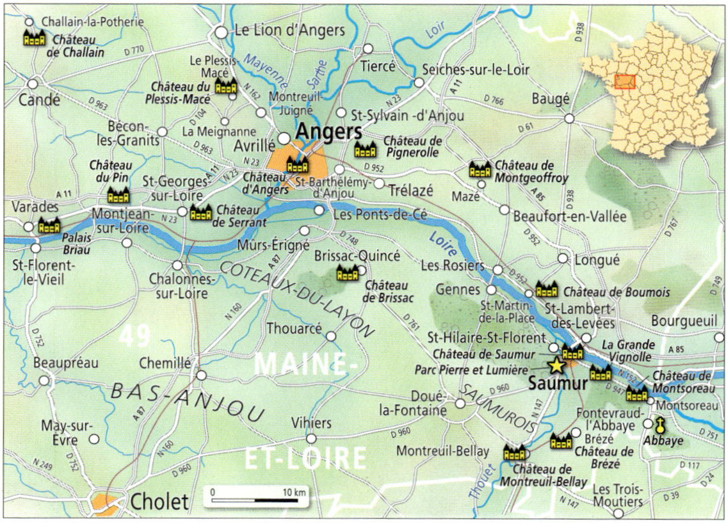

## Le château de Challain

Construit par un élève de Viollet-le-Duc pour la famille de La Rochefoucauld, Challain est un énorme édifice de 365 fenêtres, protégé par une enceinte néo-moyenâgeuse. Je l'ai vu vide et abandonné, mais il avait heureusement conservé ses belles boiseries... et ses 365 fenêtres. L'escalier à vis est inspiré de celui de Chambord, et l'architecture emprunte joyeusement au Moyen Age comme à la Renaissance. De grands travaux de restauration lui ont redonné son faste d'antan.

au profit de son fils cadet Louis, et 1481, quand il revint à l'insatiable Louis XI, que les comtes d'Anjou furent rois... sans qu'ils aient jamais pu monter sur ces trônes. Le château d'Angers, avec ses tours arasées, est bien le symbole de ce destin brisé.

A son pied coule la Maine, et passe l'autoroute de Paris. Parfois la Maine s'énerve et envahit l'autoroute. L'inverse, heureusement, n'arrive jamais. Autour, la ville alterne vieux quartiers et rues bourgeoises.

Angers a une bonne tradition de liqueurs : on y a créé la menthe-pastille : alcool et menthe poivrée, laquelle est bonne pour la digestion. Et le guignolet, liqueur apéritive à base de cerises. La société qui le produit a été fondée en 1849 par la famille Cointreau. Un héritier, Louis Cointreau, mit au point en 1875 la liqueur qui porte son nom. Elle est à base d'oranges. Pour cela, on importe chaque année 260 tonnes d'écorces d'oranges amères, qui viennent des Caraïbes, et 1000 tonnes d'écorces d'oranges douces, qui viennent du bassin méditerranéen. Le reste de la fabrication est un secret jalousement gardé.

La richesse d'Angers est hors les murs : jadis ce fut l'ardoise, celle d'Angers et de Trélazé, dont le rayonnement subsiste, même

## Le château du Plessis-Macé

L'aimable cour du château du Plessis-Macé, composite, est un florilège de l'architecture Renaissance : tourelle d'escalier en encorbellement, chapelle de style flamboyant, portes et fenêtres ouvragées. On se rappelle qu'il appartint longtemps à la famille du Bellay, qui donna un poète ligérien célèbre. Mais les ruines imposantes du grand donjon carré du xv$^e$ siècle rappellent des temps plus troublés : auprès de grandes baies Renaissance, les meurtrières sont toujours là.

si les importations d'Espagne lui ont porté des coups rudes. La Mine Bleue est une plongée dans l'espace et le temps : à 130 mètres sous terre, on découvre l'univers des mineurs d'ardoise.

Le vignoble, quant à lui, est bien vivant et connaît depuis une décennie une embellie certaine. Fin janvier, Angers accueille chaque année le Salon des vins de Loire, où se pressent des acheteurs du monde entier. C'est l'occasion de décerner des « Liger » qui sanctionnent les meilleures cuvées de chaque appellation du vignoble ligérien.

De vieilles histoires de droits de douane, où l'on trouve bien actifs les négociants hollandais, ont poussé l'Anjou à cultiver le chenin blanc, un cépage producteur de vins acides, fermes, aussi originaux en secs qu'en liquoreux. Nulle part ailleurs il n'est aussi typé.

La Maine à Angers.

## Le château du Pin

Le château est du XIIe siècle, ce qui est ancien mais pas unique en Anjou. Mais les châtaigniers de l'allée sont tout aussi vieux, et conduisent à de grands jardins étagés. Essences rares, topiaires d'ifs qui évoquent un gigantesque jeu d'échecs, potager, plans d'eau : 14 niveaux pour 14 thèmes, tout l'art du jardin français est ici déployé sur cinq hectares. Les Fêtes des plantes organisées fin mai et fin septembre valorisent ce patrimoine exceptionnel... qui demande beaucoup de travail.

© Château du Pin

Derrière les hauts murs du petit vignoble de Savennières, il donne des vins très racés, d'une grande fermeté, dont la sécheresse demande dix ans de cave pour déployer opulence et persistance. Curnonsky, le « prince des gastronomes », classait la Coulée de Serrant parmi les cinq premiers vins blancs secs de France. Ce vignoble de poche est aujourd'hui conduit en biodynamie : sévèrement conduite, la vigne souffre pour un vin très concentré, qui naît rond et aromatique, puis se referme sévèrement de longues années avant de s'ouvrir à nouveau.

Tout autour, Savennières-La Roche aux Moines et Savennières sont les deux appellations de vins du même type, auxquels on permet, dans les années ensoleillées, la coquetterie d'un peu de sucre résiduel. Ces vins de grand caractère sont les parfaits compagnons du brochet et du sandre de la Loire.

Au sud de la Loire, c'est le territoire des vins demi-secs et moelleux, des coteaux de l'Aubance et des coteaux du Layon. Ici la rivière est le complément du coteau : les brouillards qui s'en dégagent permettent, les bonnes années, le développement sur les baies de raisin de la « pourriture noble », ce micro-champignon qui concentre le jus des baies et augmente leur teneur en sucre. Les autres millésimes donnent des vins demi-doux, équilibrés en sucre et en acidité, qui vieillissent merveilleusement.

## Le château de Serrant

Plus un palais qu'un château, Serrant a traversé les siècles sans dommages, depuis sa construction en 1546 sur les restes d'un château fort. Les travaux ultérieurs n'ont pas déparé sa sobre façade où l'ornementation est concentrée à l'étage des lucarnes. Il présente des analogies avec Valençay, Villandry et Chenonceau. L'intérieur est richement meublé et la bibliothèque, impressionnante. Bref, une grande et belle demeure, dont on visite plusieurs pièces qui ont vu Louis XIV et les deux empereurs.

Le Bonnezeaux et le Quart-de-Chaume sont les deux grands crus de ce très vieux vignoble. Les vignerons se rassemblent chaque année à Saint-Aubin-de-Luigné pour la traditionnelle Fête des vins millésimés et de l'anguille. A cette occasion sortent des caves quelques flacons vénérables de très vieux millésimes.

Mais l'Anjou est aussi pays de vins rouges, à base de cabernet-franc et d'un peu de cabernet-sauvignon. Le premier, qu'on appelle ici « breton », donne des vins assez corsés, surtout autour de Brissac. Souvent élevés en fûts, ces vins vieillissent bien une dizaine d'années, de quoi accompagner dignement les rillons, qui sont la spécialité locale : on détaille de la poitrine de porc, on la saumure, on la fait rissoler dans du saindoux, puis mijoter. Enfin on rajoute du

## Le château d'Angers

Ce fut une forteresse formidable, digne de ses bâtisseurs. Foulques Nerra d'abord, qui éleva autant de châteaux qu'il en détruisit ! Puis Saint Louis, qui édifia l'enceinte : dix-sept tours s'élevant jusqu'à quarante mètres de hauteur. Les ducs d'Anjou poursuivirent les constructions : logis, chapelle, châtelet. Louis Ier commanda en 1375 une tapisserie à la démesure du château, illustrant l'Apocalypse de saint Jean. Au temps du bon roi René, duc d'Anjou mais aussi roi de Sicile et de Jérusalem (bien que sa couronne restât toute virtuelle), les fêtes se succédaient, et Angers était une capitale des arts et des lettres. En 1481, l'Anjou et le château furent réunis au domaine royal par Louis XI. Après le temps des fêtes vint le temps des guerres de Religion. Le château en souffrit, le roi Henri III fit araser les tours en 1585, et elles sont ainsi restées, sobrement zébrées de pierre blanche. La tapisserie elle aussi a pâli, mais, restaurée, elle provoque toujours l'admiration : cent mètres de long, soixante-sept tableaux réalisés en sept ans selon des méthodes novatrices pour l'époque. Il manque quelques pièces de cette œuvre, dispersée au XVIIe siècle, déchirée, utilisée parfois comme couvertures à chevaux, et sauvée au XIXe siècle par une quête minutieuse. Derrière son aspect austère, le château montre dans son logis royal les premiers raffinements de la Renaissance italienne.

caramel, qui donne la couleur et le croustillant.

Doué-la-Fontaine possède de nombreuses maisons troglodytes. Elles ont la particularité de n'être pas taillées à flanc de coteau comme c'est l'habitude, mais de se trouver au fond de cours. L'ensoleillement n'y gagne pas. Les souterrains de Dénézé-sous-Doué recèlent

Reconstitution d'une maison troglodyte à Doué-la-Fontaine.

## Le château de Pignerolle

Utilisé pendant la Seconde Guerre mondiale comme PC de transmission de l'amiral Dönitz, ce château classique du XVIIIe siècle abrite maintenant un musée de la communication : la collection Guy Biraud, mille trois cents pièces allant des premiers postes de radio… à une soucoupe volante !

## Le château de Montgeoffroy

Construit et meublé d'un seul jet de 1772 à 1776 par le maréchal de Contades, Montgeoffroy a gardé une rare unité. Les meubles sont ceux d'origine. La salle à manger, novation pour l'époque, présente toujours le poêle en faïence que le maréchal rapporta de Strasbourg, dont il était gouverneur. C'est la demeure d'un vieux militaire, pensée dans les moindres détails, jusqu'à la somptueuse cuisine ; on y sert toujours une fois l'an le pâté de foie gras de Strasbourg, inventé pour lui. La batterie de cuivres est intacte. Rien, pas même la Révolution, n'a pu troubler la sérénité du maréchal, qui mourut chez sa bonne amie à l'âge de 92 ans.

## Le château de Boumois

Le château de Boumois est protégé par ses douves. D'anciennes dépendances ont été emportées au XVIIe siècle par des inondations, de même que les vestiges du vieux château primitif. La construction actuelle est un beau morceau d'architecture du XVIe siècle couvert de hautes toitures d'ardoises. La porte Renaissance a gardé une magnifique serrure ouvragée.

un trésor : des figurines sculptées du XVI^e^ siècle.

A Doué toujours, on trouve un musée des commerces anciens : l'épicerie d'antan, avec ses boîtes en fer et ses rayonnages encombrés, est toujours un moment de nostalgie.

Ces vins, les bords de Loire sont l'occasion de les accompagner, dans des restaurants fleuris, de fritures, de saumon, et du fameux brochet au beurre blanc (où l'échalote est réduite au vinaigre).

Pour le saumon, il fut beaucoup trop pêché. La Loire est bien « le dernier fleuve d'Europe », tant qu'aucun barrage n'y sera construit. Mais la demande trop forte a failli le faire disparaître. On ne le pêche plus que selon des quotas très stricts. Bien sûr, l'approvisionnement des restaurants ne peut se faire avec la petite tonne de saumons pêchés chaque année dans la Loire.

Pour les viandes, on trouve en Anjou de bons veaux, bœuf de boucherie de race mancelle, et des spécialités de charcuterie : les rillons bien sûr, mais aussi l'andouillette et la langue de bœuf.

La douce cuisine angevine se méfie des excès, et n'oublie jamais

## Le château de Brissac

Depuis un vieux château construit par la famille de Brézé, Brissac s'est élevé jusqu'à développer sept étages : « un château neuf à demi construit, dans un château vieux à demi détruit », selon le mot du douzième duc de Brissac. En effet, la demeure du XVII^e^ siècle s'inscrit entre les vieilles tours conservées. Géant de la Loire, plus haut château de France, les superlatifs ne manquent pas. Certaines des deux cents pièces sont monumentales, comme la cuisine et la salle des gardes de trente-deux mètres de long dont les poutres sont peintes d'une centaine de motifs. Mais on y découvre aussi une chambre qui vit, en 1620, la réconciliation du roi Louis XIII et de sa mère Marie de Médicis. Cette chambre, nous la connaissons tous pour l'avoir vue dans plusieurs films historiques. Et on trouve même, au second étage, un théâtre inauguré en 1890. Car les Brissac, militaires et souvent maréchaux, familiers des rois de France, ont aussi produit des poètes et des écrivains. Aujourd'hui, ils se consacrent à leur château, richement meublé, et au vignoble d'Anjou qui l'entoure. Chaque année, le parc est le cadre d'une grande chasse aux œufs de Pâques, tandis qu'à Noël c'est un grand marché qui investit le château.

## Le château de Saumur

C'est une figure emblématique de la vallée de la Loire, depuis qu'il fut représenté dans les *Très Riches Heures du duc de Berry* au XVe siècle. Le château actuel date d'environ 1360, mais il n'est pas le premier ; il allie la solidité du Moyen Age : position élevée et arsenal défensif, aux fastes de la cour d'Anjou : cour Renaissance et étages supérieurs luxueux. L'histoire ensuite ne l'a pas gâté : après être devenu une place forte protestante, pendant deux siècles le château servit de prison. La ville de Saumur l'a racheté et entretenu. On y voit aujourd'hui de belles collections d'émaux, de sculptures, de porcelaines. Et un musée du cheval. En 2001, alors que le château a déjà connu de nombreux accidents, un rempart s'est écroulé, nécessitant de très importantes reconstructions : plus de 120 000 heures de travail, 10 000 mètres cubes de remblai, 1 200 mètres cubes de tufeau, les travaux permettront de consolider ce monument à l'histoire mouvementée.

C'est autour du Cadre Noir de Saumur que s'est constituée l'Ecole nationale d'équitation en 1972. Cet établissement a pour mission de former des professionnels de l'équitation ; le Cadre Noir en est le corps enseignant et perpétue ses missions de formation et de dressage des chevaux, contribuant au renom de l'équitation française.

**L'escalier d'honneur au décor flamboyant.**

une bonne cuillerée de crème pour arrondir ses plats. Sauf dans le beurre blanc, car alors ce n'est plus un beurre blanc !

Au nord de la Loire, avant les forêts, c'est le pays de la « boule de fort », et aussi des clochers tors. Une association européenne regroupe les paroisses qui possèdent ces curieux clochers torsadés. La région est riche en belles églises : Cunault, Candé-Saint-Martin en sont les fleurons.

Voici Saumur. Plus qu'une image d'Epinal, la ville et son château très pur sont une belle

## La Grande Vignolle

Voici un château extraordinaire, qui s'enfonce dans la pierre dont il s'est nourri : ce beau tuffeau si aisé à sculpter, extrait des falaises du bord de Loire. Qui sait où finissent les galeries qui s'étendent sous le vignoble de Champigny ? La Grande Vignolle est aujourd'hui un restaurant.

image ligérienne. Ville bâtie sur le fleuve, qui s'allonge entre ses ponts, Saumur est la cité du cheval, par le Cadre Noir qui perpétue dans l'armée française la tradition des parades équestres. Chaque année, les officiers présentent des spectacles de dressage et des démonstrations d'attelage.

Saumur, c'est aussi la cité des vins effervescents, siège de grandes maisons de transformations en « méthode champenoise » (si le terme n'est plus usité par égard pour le champagne, la méthode est utilisée). Le saumur n'est pas un petit champagne, mais un mousseux différent, car il garde l'acidité et la fraîcheur du cépage chenin.

Le vignoble de Saumur oscille selon les modes : autrefois majoritairement en blanc, il a été replanté en rouge pour fournir à la demande croissante d'un saumur-champigny frais et facile à boire au restaurant du midi. Alors qu'en réalité le

## Le parc Pierre et Lumière

C'est dans une ancienne carrière que le sculpteur Philippe Cormand a reconstitué, au burin ou à la fraise de dentiste, quelques-uns des plus beaux monuments d'Anjou et de Touraine : le château de Saumur, celui d'Angers et celui de Chinon, l'abbaye de Fontevraud… Un travail gigantesque dans le tufeau qui a fait tous ces monuments.

© DR

© Ignis

© Ignis

### Le château de Brézé

Cette construction mêlée de Renaissance et de néo-gothique XIX^e cache une ville souterraine qui abrita une garnison du Grand Condé en lutte contre Louis XIV. Les douves, d'une profondeur de vingt mètres, donnent sur un réseau de souterrains qui s'étendent largement autour du château : écuries, étables, chais, cuisines, on visite là le souvenir d'une vie troglodytique, courante dans la région de Doué-la-Fontaine, mais ici d'une ampleur sans égale. Le domaine est aussi producteur de vins de Saumur.

champigny est un vin de garde, comme il le prouve quand on le récolte bien concentré et qu'on lui accorde un peu de temps en barriques.

Depuis quelques années, on replante le chenin, qui prend sur ces terres calcaires une aimable douceur, et parfois donne des vins liquoreux très amples : les coteaux de Saumur. On n'omettra pas de se rendre au clos du père Cristal, qui avait planté ses vignes contre des murs alignés : chaque pied traverse le mur pour profiter au mieux du soleil. Ce vigneron, par la qualité de ses vins, avait su gagner l'amitié de grands amateurs, et même du roi d'Angleterre. Son vignoble appartient à l'hôpital de Saumur, mais le père Cristal a emporté avec lui ses secrets de vigneron.

Le vignoble de Saumur pousse sur un trésor : une épaisse couche de tuffeau, cette pierre si blanche et si tendre qui a fait les maisons et les cathédrales du pays. Creusées de part en part, les collines abritent des champignons, des barriques, parfois des familles. A Turquant, ce sont des pommes. Des pommes tapées, selon une ancienne tradition. Séchées, puis « tapées » pour en extirper tout l'air, confites

Le célèbre vignoble de Saumur-Champigny.

## Le château de Montreuil-Bellay

Forteresse réputée imprenable par sa situation sur un site rocheux, Montreuil-Bellay fut maintes fois remanié. Depuis la forteresse de l'an mil, les siècles y ont accumulé des enceintes, un château vieux et un château neuf, de curieux logis serrés dans la cour... Mais celle-ci, largement ouverte, donne l'impression d'un beau village, derrière les murs et les poternes qui en défendaient l'entrée. Quant à la cuisine, elle aussi a gardé depuis six cents ans les témoignages successifs de l'art de cuire.

et sèches, elles se gardent longtemps. Et reprennent jeunesse et vigueur quand on les trempe dans la sauce d'un rôti ou d'une volaille.

En quittant Saumur, la Loire est encore sage, encadrée qu'elle est par ses digues, bordée de routes et de restaurants dont le seul nom force la halte : « L'anguille paresseuse », comment y résister ?

La rive sud est proche du coteau de tuf. En dessous, ce

## Le château de Montsoreau

La seigneurie date du XII^e^ siècle, et les seigneurs de Montsoreau étaient puissants ; l'un d'eux donna à Robert d'Arbrissel les terres où fut édifiée l'abbaye de Fontevraud. Le château actuel, forteresse du XV^e^ siècle, est resté inachevé, au bord de la Loire, dont une route la sépare aujourd'hui. Mais c'était le seul château qui eût les pieds dans l'eau de la Loire. Château de surveillance et siège d'un octroi sur le fleuve, il est néanmoins orné de belles fenêtres et lucarnes. Dans la cour intérieure, la tour d'escalier rajoutée sous François I^er^ est une belle pièce d'architecture. Alexandre Dumas a pris le château pour cadre d'un célèbre roman, *La Dame de Montsoreau* : Charles de Chambres, époux trompé, y faisait assassiner son rival. Même si l'action eut lieu en fait au château du Breil de Foin, à dix lieues au nord, elle convient bien à Montsoreau, à la fois rude et raffiné. Les expositions présentent la vie et les métiers du fleuve, « la plus grande rivière du royaume, celle qui a le plus de navigation et qui fait la plus grande partie du commerce de France », selon le mot de Vauban. Le château présente un exotisme supplémentaire : un musée des Goums, unité de cavalerie d'Afrique du Nord, rapporté du Maroc en 1956.

## L'abbaye royale de Fontevraud

L'abbaye royale de Fontevraud est la plus vaste cité monastique d'Europe. Elle fut fondée en 1101 par Robert d'Arbrissel. Elle était divisée en plusieurs prieurés, sous l'autorité d'une abbesse qui commandait aussi les prêtres. Sur les trente-six abbesses qui commandèrent l'ordre fontevriste, la moitié était de sang royal. Mais le recrutement était œcuménique : on y trouvait aussi un monastère de lépreux, et un de prostituées repenties. Aussi nécropole royale des Plantagenêts (dont Aliénor d'Aquitaine et Richard Cœur de Lion), Fontevraud essaima en Europe tout en renforçant sa puissance, dont témoignent les bâtiments. Tout s'écroula à la Révolution : vente en lots, destructions partielles, puis l'abbaye devint une prison sinistre et sévère. Depuis une quarantaine d'années, l'abbaye est rénovée et ouverte au public. Elle abrite le Centre culturel de l'Ouest.
Les cuisines romanes sont spectaculaires par leurs toits de pierre hérissés de clochetons et de vingt et une cheminées. Mais il faut aussi voir le grand cloître du Grand Moûtier, le haut-relief du Jugement dernier, le réfectoire et la salle capitulaire, et bien sûr l'abbatiale de style roman et ses gisants. Au XIXe siècle, elle comportait cinq étages de cellules. Fontevraud est une plongée grisante dans le temps et dans la puissance de la chrétienté.

sont les champignonnières et les caves, certaines si grandes qu'on y descend en tracteur. Parfois une cheminée isolée signale une profonde salle où, pendant l'été, on vient au frais se régaler de quelque grillade sur sarments. Le coteau est habité : seules dépassent les façades ouvragées, le reste est caché. Au bord de la route des portes, des grilles, sont le seul indice de galeries à la température éternellement fraîche. On dit qu'y reposent de grands crus de bordeaux, entreposés par les châteaux girondins pour qu'ils vieillissent lentement... chut !

# En remontant la vallée du Loir

Notre seconde étape est parfois méconnue. C'est pourtant une vallée attachante, pleine de beaux monuments et riche d'un très vénérable vignoble. Il faut pour cela, près d'Angers, résister à l'attirance du grand fleuve tranquille pour remonter le Loir. Contrairement au dicton, il ne sommeille pas : ses méandres conduisent jusqu'à l'ombre de la cathédrale de Chartres.

Cette vallée verte est parsemée de jolis châteaux et de moulins aux productions variées : à La Flèche, le moulin de La Bruère produit de la farine et, plus original, de la glace à rafraîchir. À Vaas, le moulin de Rotrou est devenu un « musée du blé au pain ». À Poncé-sur-le-Loir, les moulins de Paillard fabriquaient du papier. C'est aujourd'hui un important centre d'artisanat d'art : on y voit au

Page de gauche

**Le bel escalier gothique flamboyant du château de Châteaudun.**

© Claude Herlédan

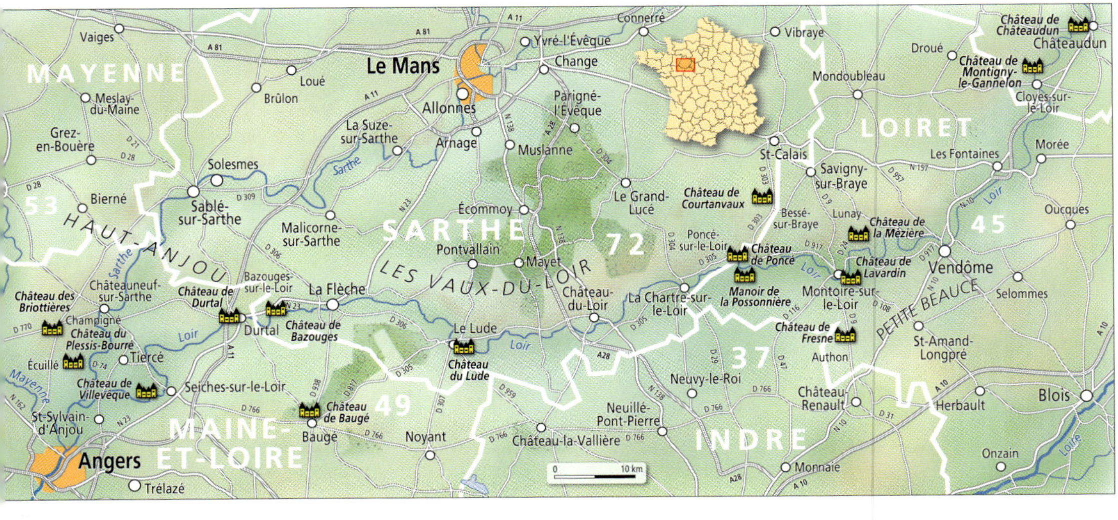

Pot à pharmacie des faïenceries d'art de Malicorne.

travail des verriers, des potiers, des forgerons, qui vendent leur production, mais aussi transmettent leur savoir.

Au hasard du Loir, on trouvera d'autres activités aussi anciennes qu'étonnantes : fabrication de blasons, fonderie de bronze, ébénisterie, meubles peints, trompe-l'œil, boissellerie, jouets, cannage, tous ces vieux métiers ici sont préservés. Aux Rairies, un millier d'habitants vivaient au siècle dernier de la fabrication de briques. Il en reste trois entreprises et une maison-musée. Malicorne, un peu à l'écart, est célèbre pour sa faïence d'art.

On peut qualifier la boule de fort de « jeu d'art ». C'est dans de grandes salles que l'on pratique ce qui tient autant du curling que de la pétanque, une spécialité de la vallée et du haut Anjou.

## Le château du Plessis-Bourré

Construit de 1468 à 1473 par Jean Bourré, trésorier de Louis XI, Le Plessis-Bourré est taillé pour l'éternité. Ses douves sont parmi les plus larges de France. Très peu modifié, toujours habité, il a conservé dans la salle des gardes un extraordinaire plafond peint. Les motifs, cinq siècles après, sont encore autant d'énigmes. Ironie, moralisme, ou alchimie ? Un peu à l'écart des grandes routes touristiques, Le Plessis-Bourré vaut le voyage.

## Le château des Briottières

Dans son vaste parc à l'anglaise, le château des Briottières a été reconstruit au XVIIIe siècle. Cette demeure familiale à la longue façade encadrée de pavillons en avancée est aujourd'hui un luxueux lieu de séjour sportif et gastronomique.

La vallée du Loir est aussi un haut site d'habitat troglodytique. Le caveau municipal de Vouvray-sur-Loir renferme un grand pressoir en pierre et un four à pain ; il accueille chaque mois un marché de produits du terroir.

A Marçon, ce sont de belles portes qui protègent des caves souterraines. Il faut dire que l'on approche du joyau de la Sarthe, dont la plupart des vignobles ont disparu au siècle dernier : le Jasnières. Un vignoble mythique de vins blancs de chenin, qui connut des hauts et des bas. Il est aujourd'hui en pleine forme. Le Jasnières n'est pas un vin facile : d'une acidité importante (6 grammes par litre, c'est fréquent), il garde du chenin blanc ses caractères les plus marqués en en restituant parcimonieusement la douceur. Le Jasnières est tour à tour sec, demi-sec, moelleux les grandes années. C'est un grand vin : ferme en bouche, il développe des arômes fins d'acacia, de fleurs, de coing, de miel. Il peut vieillir de longues années, et à son épanouissement accompagnera les bons poissons de Loire,

## Le château de Villevêque

Léguée à la ville d'Angers en 2003 par un mécène, cette forteresse moyenâgeuse présente de riches collections d'art ancien, depuis le Moyen Age jusqu'à la Renaissance.

Chapelle de vigneron aux environs de Marçon.

et les sauces les plus fines. Les bons millésimes donnent des vins secs opulents ou des moelleux de très longue garde. Le coteau est étroit et tout en longueur, et bénéficie d'une bonne exposition.

Les Coteaux du Loir peuvent donner des vins blancs de même type que le Jasnières. Mais on y trouve aussi des rouges légers et fruités, et des rosés. Ceux-ci sont souvent à base du cépage pineau d'Aunis, qui leur donne un goût poivré caractéristique, et fort bien venu sur

## Le château de Durtal

Grande demeure sur le Loir, Durtal se lit comme un panorama de l'évolution de l'architecture, du Moyen Age finissant au classicisme naissant. Campé sur un promontoire au-dessus du Loir, il veille sur la petite ville. Henri II, Charles IX, Catherine de Médicis et Louis XIII y ont fait escale.

## Le château de Bazouges

Entre ses jardins à la française et le Loir, le château est bien caché dans son parc. Cette forteresse importante du XVe siècle est devenue au fil des siècles une demeure aimable, tout en conservant ses tours et ses mâchicoulis, sa chapelle et son moulin seigneuriaux.

la charcuterie. Les Sarthois sont, haut la main, les premiers consommateurs de rillettes du monde. A la suite, les Coteaux du Vendômois renaissent dans les trois couleurs, avec notamment de gentils rosés de soif.

Retour rive gauche, pour admirer la vieille église d'Artins, dont les fondements sont du IIIe siècle : cela en fait une des plus anciennes églises de France.

Et retour rive droite, à Trôo, une vieille cité suspendue au-dessus du Loir. La ville s'est développée à l'étroit dans son enceinte médiévale. On dit qu'il s'y superpose jusqu'à neuf étages de caves. La collégiale Saint-Martin est un bel exemple de style gothique angevin daté de la fin du XIIIe siècle. Le monument aux morts est de Bourdelles, mais sans statue ! Au hasard des ruelles, on découvre un très beau puits coiffé d'ardoises... et qui parle ! Sa profondeur de quarante-cinq mètres l'a doté d'un écho fidèle.

## Le château et l'hôtel-Dieu de Baugé

© Château de Baugé / M.-D. Paillat

Le château de Baugé fut édifié au milieu du XVe siècle par le roi René, de la famille d'Anjou, roi de Jérusalem, entre autres. Un château de taille modeste, mais remarquable par ses salles et un bel escalier à voûte en palmier. Les splendides tapisseries de l'Apocalypse qui y furent un temps sont aujourd'hui à Angers, mais on parcourt à Bauger un musée d'art et d'histoire présenté avec dynamisme. L'hôtel-Dieu du XVIIe siècle recevait les indigents et a conservé son apothicairerie, une pharmacie aux murs lambrissés, pleine de six cents récipients en faïence, en bois ou en verre, dont un bon nombre sont des pièces uniques. Une « salle des malades » permet de comprendre la vie dans un hôpital au XVIIe siècle, bien avant les grands progrès de la médecine.

## Le château du Lude

Ce château au bord du Loir est bien un château de la Loire : la Renaissance a percé les grosses tours rondes gothiques de fenêtres et lucarnes d'inspiration italienne. Puis la cour intérieure s'est ornée dans un style Renaissance tardif, pilastres en marbre, frontons et niches. La façade Louis XVI, construite en 1787, est venue rejoindre les deux corps de bâtiments autrefois reliés par des galeries. Classique, de proportions mesurées, elle offre au regard un nouvel agrément : en tournant autour du château du Lude, on découvre ainsi plusieurs châteaux. L'intérieur est aussi varié, qui juxtapose des cuisines voûtées fastueuses, des pièces brillamment meublées, et une très grande galerie remodelée au XIXe siècle. Et même un petit oratoire longtemps resté caché, aux peintures du XVe siècle. Quoi d'autre ? Un beau parc, et des jardins entretenus et augmentés avec soin. Et des week-ends pour jardiniers et cuisiniers, où la cuisine s'emplit des senteurs de confitures...

## Le château de Courtanvaux

Il est des rivières buissonnières qu'on ne peut s'empêcher d'emprunter. Du Loir monte la Braye, et de la Braye monte l'Anille, qui nous mène à l'énorme château de Courtanvaux. Ici la Renaissance reste austère, et le pont dormant semble ne dormir que d'un œil !

Collégiale Saint-Martin de style gothique à Trôo.

Le puits qui parle (45 mètres de profondeur) à Trôo.

A Trôo encore, une grotte pétrifiante, univers de stalactites et de concrétions. On y voit le minéral à l'œuvre.

Le château de Bois-Freslon à Ternay est une belle forteresse médiévale aménagée sous la Renaissance.

A un jet de pierre, le château de Ranay est un château classique en pierre et brique, élevé au XVIII$^{e}$ siècle.

A petite distance, on visite le Parc botanique de La Fosse, riche de milliers d'arbres et d'arbustes du monde entier. Le climat du Loir leur convient bien : un autre parc, à Roc-en-Tuf près de Montoire, s'est ouvert au public. Et un autre encore à

## Le château de Poncé

Le labyrinthe en charmilles date du XVI$^{e}$ siècle. Comme le château, édifié en tuffeau blanc, deux corps de logis encadrant un pavillon central qui renferme un très bel escalier à caissons sculptés. Autour se déploient les jardins, terrasses, serres troglodytiques, jusqu'au colombier à 8000 boulins, qui est l'un des plus importants de France.
Sous des arcades décoratives, les communs du château abritent un musée ethnographique consacré à la vie rurale de la Sarthe.

## Le manoir de La Possonnière

Cette belle demeure est célèbre par le poète Ronsard. Homme d'armes au destin contrarié par la surdité, clerc mais galant, poète lyrique autant que galant, Pierre de Ronsard vécut sa jeunesse dans le château familial construit à la fin du XIV^e siècle. Son père, de retour d'Italie, l'avait orné de sculptures qui sont les prémices de la Renaissance italienne. Et de maximes philosophiques sur les fenêtres à meneaux et les belles lucarnes du toit. La Possonnière est restée intacte, comme les vers de Ronsard, témoignage d'une époque novatrice.

Sasnières, qui fait la part belle aux plantes aquatiques.

Montoire-sur-le-Loir abrite la chapelle Saint-Gilles, dont le prieur était le célèbre poète Ronsard, natif de Coutures. Le château féodal est en ruines, mais conserve un gros donjon.

Un autre donjon qui a fière mine malgré les outrages du temps, c'est celui de Lavardin, qu'on dit l'un des plus beaux villages de France. Les restes de ce château s'étagent sur une colline, et dominent le fleuve de très haut.

A Mazangé, le manoir de la Bonnaventure tient son nom d'une ancienne chapelle dédiée à saint Bonaventure. Renaissance et Moyen Age s'y mêlent dans une charmante harmonie, derrière une enceinte à tourelles. Ce château a longtemps appartenu à la famille du poète Alfred de Vigny.

Le château de Rochambeau, construit par le maréchal de Rochambeau, est d'un classicisme un peu froid. Mais sa chapelle est creusée dans la roche de tuf, ici omniprésent. Il nous amène à Thoré-la-Rochette, joli village en appellation Coteaux du Vendômois, où la Maison du vin propose des stages d'initiation à la dégustation. Elle est installée dans la gare, qui est le point de départ du vieil autorail qui rallie Trôo d'un train de sénateur. Et longe

Le vieux village de Lavardin est un des plus beaux de France.

la voie où le TGV roula un jour à plus de 500 kilomètres à l'heure, battant le record du monde de vitesse. Et passe aussi en gare de Montoire, où Hitler rencontra le maréchal Pétain — c'était

## Le château de Lavardin

Le donjon fendu de Lavardin a encore belle mine, qui surplombe de très haut son village et la vallée du Loir. Une triple enceinte, le châtelet, puis l'ascension vers le donjon en faisaient depuis le XIe siècle un ouvrage défensif d'une rare puissance, qui sut résister aux assauts de Richard Cœur de Lion. Mais les guerres de Religion finirent par avoir raison de l'édifice : Henri IV le fit démanteler pour punir les Bourbon-Vendôme. Les ruines qui lui restent n'en sont pas moins imposantes. Au siècle dernier, Viollet-le-Duc envisagea de les relever. Mais c'est Pierrefonds qui fut choisi. Dommage pour Lavardin !

## Le château du Fresne

Depuis neuf générations, la même famille habite le château du Fresne. Une vraie demeure classique, bâtie en 1765, dont l'ordonnancement se prolonge dans les jardins à la française et le parc arboré.

Ruines du château de Montoire-sur-le-Loir.

le 24 octobre 1940 —, et la photo de la triste entrevue a fait le tour du monde.

Notre remontée du Loir prend fin à Vendôme. Le TGV l'a rapproché de Paris, sans lui faire perdre son charme provincial. Une partie de la ville a été détruite lors de la dernière guerre, mais il en reste de beaux quartiers. L'abbaye de la Trinité a été fondée au XIe siècle par le comte de Vendôme, pour y abriter une réplique de la Sainte Larme rapportée de Constantinople. Le clocher roman culmine à quatre-vingts mètres. L'église a été achevée en gothique flamboyant avec une façade magnifique.

Notre Loir conducteur fut tour à tour étalé dans sa vallée, resserré entre les coteaux, ici il musarde, se divise en multiples bras que l'on parcourt en barque. Il fait encore tourner la roue de quelques moulins, il mouille un platane bicentenaire, enfin il nous quitte pour remonter vers Chartres. Mais ceci est une autre histoire.

## Le château de La Mézière

Au détour de la vallée du Loir, un petit château comme il en est tant, où l'on voudrait bien s'arrêter pour quelque séjour… ou pour un voyage de noces, comme les parents d'Henri IV à La Mézière. Le beau porche sculpté, la galerie Renaissance et les quilles de cheminées incrustées d'ardoises comme à Chambord en font une étape de charme.

## Le château de Montigny-le-Gannelon

Ce grand château composite présente sur la cour une façade Renaissance et, sur le Loir, une façade étonnante où un élève de Viollet-le-Duc a donné libre cours à sa fantaisie en accumulant les tourelles et les lucarnes.

© Flickr / Joe Shlabotnik

Vue panoramique de Vendôme.

## Le château de Châteaudun

La façade sur le Loir est vertigineuse : les ressauts horizontaux rythment un élancement vertical depuis le rocher qui en forme la base, jusqu'aux clochetons qui taquinent les nuages. On imagine la crainte des assaillants ! En haut, c'est un ensemble bien plus aimable, où se lit l'évolution du Moyen Age à la Renaissance : d'un côté, la Grosse tour du XIIe siècle, épaisse et massive. De l'autre, un élégant escalier ouvert, gothique flamboyant, avec déjà des éléments de la Renaissance. Au milieu, l'aile Dunois, qui rappelle ce compagnon de Jeanne d'Arc. Très délabré lors de son acquisition par l'Etat en 1938, il est aujourd'hui restauré, avec la somptuosité de ses grandes salles et la richesse de sa sainte-chapelle.

© Claude Herlédan

# Au pays de Rabelais,
## de Chinon à Richelieu

En remontant la Vienne, nous allons découvrir un pays qui fut le théâtre de guerres sanglantes, de combats épiques, de batailles sans merci. Mais ces guerres, qu'on dit picrocholines, ne sont qu'imaginaires, et sorties de l'imagination délirante de François Rabelais, qui est le grand homme d'ici.

Chinon est une petite ville abritée qui s'étale entre la Vienne et les restes grandioses de son château historique. Il faut se promener dans les rues anciennes et profiter des animations

Page de gauche
**Le château d'Ussé adossé à sa forêt.**


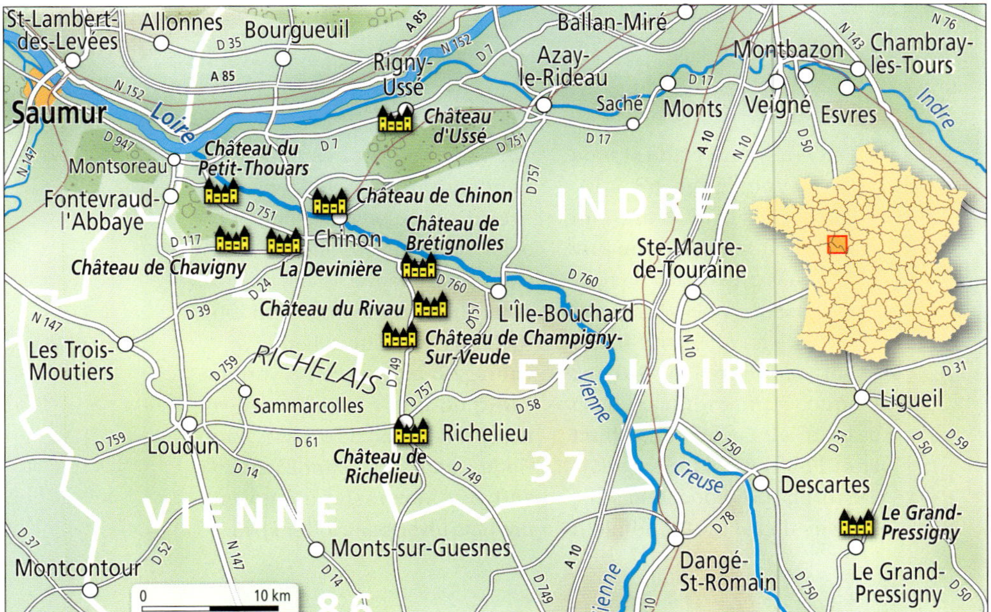

## Le château d'Ussé

© Flickr / Alessio Milan

Au nord du vignoble de Chinon et au bord de l'Indre, Ussé est un château fort transformé en grande demeure de plaisance, de construction composite, dont la cour s'est ouverte avec la destruction d'une aile au XVIIe siècle. Son charme vient des points de vue différents qu'il offre avec une certaine magie. N'est-il pas selon la tradition le « Château de la Belle au Bois dormant » ? En effet, Charles Perrault séjournait tout près, et vint rêver devant ses tours et ses donjons. Devant, des jardins à la française, inspirés par Le Nôtre, mettent en valeur la blancheur de la pierre. Le château se prolonge sous terre par des caves et des souterrains creusés dans le plateau de tuffeau. Au-dessus sont les vignes, et une cheminée permet de verser directement la vendange dans le pressoir. La chapelle, consacrée en 1538, est un joyau Renaissance qui emploie des motifs italiens en leur donnant un ton français : rinceaux enroulés en boucle, ou voûtes d'ogives gracieuses.

nombreuses : dans la belle maison des Etats généraux, où le futur Charles VII leva en 1428 de quoi faire la guerre aux Anglais, a pris place le musée du Vieux Chinon et de la Batellerie.

La chapelle Sainte-Radegonde fut creusée dans la roche aux XIe et XIIe siècles. Le musée du Vin et de la Tonnellerie est un espace didactique ; les automates plairont aux petits, mais seuls les grands auront droit à la dégustation.

Dans les « caves peintes », d'où les fresques ont d'ailleurs disparu, se déroulent les chapitres de la confrérie des Entonneurs rabelaisiens, amoureux de la bonne chère et du bon vin, qui mettent en application leur devise : « Beuvez toujours, ne mourrez jamais ! »

Pour rentrer dans le meilleur vignoble de rouge de la Loire, il suffit de contourner le château. Imbriqué dans la ville, le clos de l'Echo (qui aurait appartenu à la famille de Rabelais) aligne ses vieux ceps de cabernet sur un coteau pentu. Chinon est la patrie du cabernet-franc, qui,

Chinon sur les bords de la Vienne.

quand il est bien mûr, donne un vin rubis, étoffé, au bon goût de fraise écrasée, plein plus qu'anguleux, et de très bonne conservation. Le vignoble est situé sur les coteaux de la Vienne. Son succès l'a aussi fait envahir des terres basses moins propices. On visite les caves rive droite à Cravant, et rive gauche à Sazilly où se trouve le domaine Joguet, avec même quelques vignes non greffées.

Le chinon blanc est une rareté, à base de chenin, qui mérite l'intérêt.

Lerné est au cœur de l'histoire rabelaisienne. Autour de La Devinière, sa maison natale, l'auteur de *Gargantua* a construit le théâtre de ses aventures. A Seully où il apprit le latin et le grec, l'ancienne abbaye offre des animations culturelles et des expositions.

Candes-Saint-Martin est la ville du confluent de la Vienne et de la Loire. Ce beau village ancien, où saint Martin, évêque de Tours, mourut en 397, abrite une collégiale des XIIe et XIIIe siècles.

## Le château de Chinon

C'est un haut lieu de l'histoire de France : l'Angevin et roi d'Angleterre Henri II Plantagenêt, qui y résidait souvent et fit construire le fort Saint-Georges, y mourut en 1189. C'était déjà un château millénaire ! Ses successeurs Richard Cœur de Lion et Jean sans Terre y régnèrent jusqu'en 1204, où le château fut pris au bout d'un siège d'une année. Guerres incessantes, l'Anjou et la Touraine sont ballottés entre les couronnes. En 1214, la trêve de Chinon rend ces territoires au roi de France Philippe Auguste qui fait construire la tour du Coudray.
C'est à Chinon, dans le logis royal juste achevé, que Charles VII reçut Jeanne d'Arc venue l'épauler dans sa conquête du royaume.
Les siècles suivants virent la ruine progressive de cet ensemble imposant. Sauvé par Prosper Mérimée au XIXe siècle, le château de Chinon, dont la cloche rythme la vie de la ville depuis six cents ans, est aujourd'hui en partie restauré. Il est toujours imposant par la longueur de ses remparts et la masse des bâtiments subsistants.

Le vignoble au pied du château de Chinon.

Entre les deux fleuves s'étend un pays plat de peupliers et de baraques basses, dont l'horizon est la plus ancienne centrale nucléaire de France, que l'on peut visiter.

Beaumont-en-Véron s'enorgueillit de trois châteaux : Coulaines, construit vers 1460, logis rectangulaire de grande pureté. Razilly, château fort où vinrent Charles VII et Louis XI, mais qui a subi les outrages du temps. Et Velors, construit au XVe siècle et entouré de douves.

Après le château d'Ussé, le village de Rivarennes conserve la petite industrie des poires tapées : les poires sont épluchées entières, puis déshydratées quatre jours dans un four à pain, perdant 70 % de leur volume. On les « tape » ensuite

## Le château du Petit-Thouars

A la porte du vignoble de Touraine, ce château aux beaux communs creusés dans la roche porte le nom d'un héros de la guerre d'Indépendance des Etats-Unis d'Amérique. Il est toujours dans la même famille, et gouverne un vignoble de cabernet-franc qui donne un vin souple et velouté.

## Le château de Chavigny

Le vieux château à demi démoli laisse une impression surprenante, envahi qu'il est de lierres et de corneilles. Une sorte de châtelet en garde l'entrée. Les communs sont très beaux. Voici un coup d'œil insolite, auprès d'un ravissant petit village.

avec un aplatissoir pour en vider l'air, et elles se conservent alors sèches, ou mises en bocaux. Il suffit pour les employer de les « regonfler » avant cuisson, avec du vin rouge, rosé ou blanc. Elles accompagnent les viandes et les gibiers.

En traversant la forêt de Chinon, on arrive au beau village

## La Devinière

Cette maison natale de Rabelais vaut pour les espaces consacrées à ce grand écrivain. Ses « guerres picrocholines » ont ravagé le pays, mais, heureusement, seulement sur le papier. Rabelais est le grand homme du Chinonais, où on l'accommode à toutes les sauces. Mais il a les épaules assez larges !

Poires tapées, spécialité de Rivarennes.

## Le château de Brétignolles

Quelle forteresse ! Au sud de l'appellation des vins de Chinon, derrière un haut mur de pierres, Brétignolles se montre au milieu de son parc, tel qu'on rêve des châteaux anciens. Pas de concessions dans cette façade imposante. Pourtant, ce château construit au XVe siècle ne comporte pas d'éléments défensifs à proprement parler.

de Crissay-sur-Manse. Le château, mi-creusé, mi-construit, est en ruines ; le village ancien a tout le charme de la Touraine. Tout près, la collégiale des Roches-Tranchelion dresse des lambeaux de sa fine architecture gothique. Une belle clé de voûte est restée suspendue... au temps.

A L'Ile-Bouchard, la Vienne ouvre ses bras pour enserrer les restes d'un château et une charmante petite cité. Du prieuré roman subsiste le chœur et le bestiaire fantastique de ses chapiteaux.

Les restes du château de Panzoult sont remarquables pour le colombier du XVIIe siècle : une tour hexagonale, dont la porte est armoriée, et couronnée d'un dôme. Au sud, le château du Rivau à Léméré, ancien

Barque sur la Vienne à l'Ile-Bouchard.

marquisat, est une belle demeure fortifiée en cours de restauration.

Nous quittons maintenant la Vienne pour la Veude, son affluent. Et quel meilleur moyen que d'emprunter le train à vapeur qui relie Chinon à Richelieu ? Pour retrouver le « tchou-tchou » de notre enfance et humer de nouveau la fumée à une vitesse qui peut atteindre huit lieues à l'heure. Une halte à Ligré permet de déguster le vin de Chinon et les fromages de Sainte-Maure.

## Le château de Champigny-sur-Veude

Ce fut sûrement un très beau château. Propriété des Bourbons, cousins des rois, il fut détruit par Richelieu, alors tout-puissant et jaloux d'un tel voisinage près de sa ville homonyme. Il en reste les communs, très beaux, et la sainte chapelle gothique renommée pour la qualité de ses vitraux.

## Le château du Rivau

Ce château assurément médiéval comporte quand même des éléments d'agrément. Ses jardins évoquent des légendes merveilleuses du Moyen Age. Le parc présente des sculptures contemporaines monumentales, dont une mystérieuse « forêt qui court »... Et, pour les chasseurs ou simplement les curieux de nature, de nombreux trophées montrent des animaux d'Europe ou d'Amérique.

## Le château de Richelieu

Fantôme dans son parc, le château de Richelieu a disparu à la Révolution, pierre par pierre. L'orgueil du cardinal qui s'était bâti une ville idéale ne lui a pas survécu. Et les habitants de Richelieu cultivent des salades dans les douves du château. Le parc appartient à l'université de Paris. Seul souvenir du Cardinal : ses armoiries qui subsistent sur un portail du parc.

L'église de la « cité idéale » rêvée par le cardinal.

Richelieu est la ville fantôme de la ruée vers l'or du maréchal homonyme. Capitale sans royaume, elle n'a vécu vraiment que du temps de sa construction à la mort de Richelieu en 1642. Le plan est absolument géométrique, au carré. Les beaux hôtels n'ont pas suffi à entraîner la Cour du côté des jardins. Et la ville a une atmosphère de langueur et de quiétude, dans ses murs trop grands. Face à la belle façade classique de l'église Saint-Vincent-de-Paul, la grande halle accueille le marché du lundi, et en juillet la foire aux vins, aux fromages et au boudin.

Le sud de la Touraine a quelques bonnes spécialités : les fromages de chèvre de Sainte-Maure-de-Touraine bénéficient d'une appellation contrôlée. Ils se présentent sous la forme d'un long cylindre transpercé d'une paille, d'une saveur prononcée.

La région cultive aussi les asperges, et, plus inattendu, les truffes. Au domaine de La

Le petit train de Richelieu à Chinon.

Pataudière, un joli petit château au nord de Richelieu, on replante des truffières, comme ailleurs dans la région, puisqu'il y a maintenant 120 hectares boisés. Chaque année avant Noël, le marché de la truffe du Richelais se tient à Marigny-Marmande. La production, soumise aux aléas climatiques, est très variable : de 40 kilos annuels, elle devrait rapidement augmenter.

C'est bien plus loin que se termine notre itinéraire sur la Vienne : Descartes, cité du grand philosophe qui a jeté les bases de la science moderne. Aussi aventurier que penseur, René Descartes est mort en Suède en 1650. Il n'est pas totalement avéré qu'il soit né à Descartes — on dit que ce serait dans un fossé de la ville ; mais il est certain que le crâne qui y est exposé est une copie.

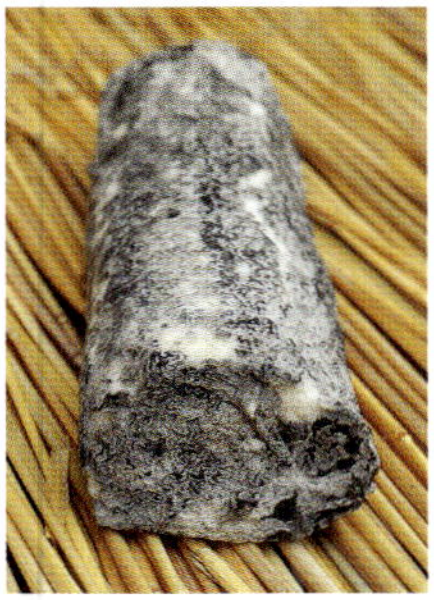

Fromage de chèvre de Sainte-Maure-de-Touraine.

## Le Grand-Pressigny

Les plus vieilles tours datent du XIIIe siècle. Le donjon s'est effondré il y a peu. Quant au château, il est du XVIe siècle et abrite un important musée de la Préhistoire. Le circuit didactique permet au visiteur de comprendre l'évolution des techniques, des outils, des armes, et des moyens de cuisson.

# La Loire royale,
## de Bourgueil à Amboise

Etape royale que celle qui va de la pointe de la Touraine au château d'Amboise. Les résidences des rois de France : Langeais, Plessis-les-Tours, Tours, Amboise, y côtoient quelques centaines de châteaux connus ou méconnus. La Loire est large et indolente, elle baigne le « jardin de la France » riche de vignobles et de potagers.

Le vin de Bourgueil se récolte sur la commune de Bourgueil et sur celles qui lui succèdent à l'est. On distingue trois « étages » sur le terrain :

— les vins de « graviers », qui sont issus du bas des coteaux et

Page de gauche
**Amboise, souvenir de la Cour de France sur la rive de la Loire.**


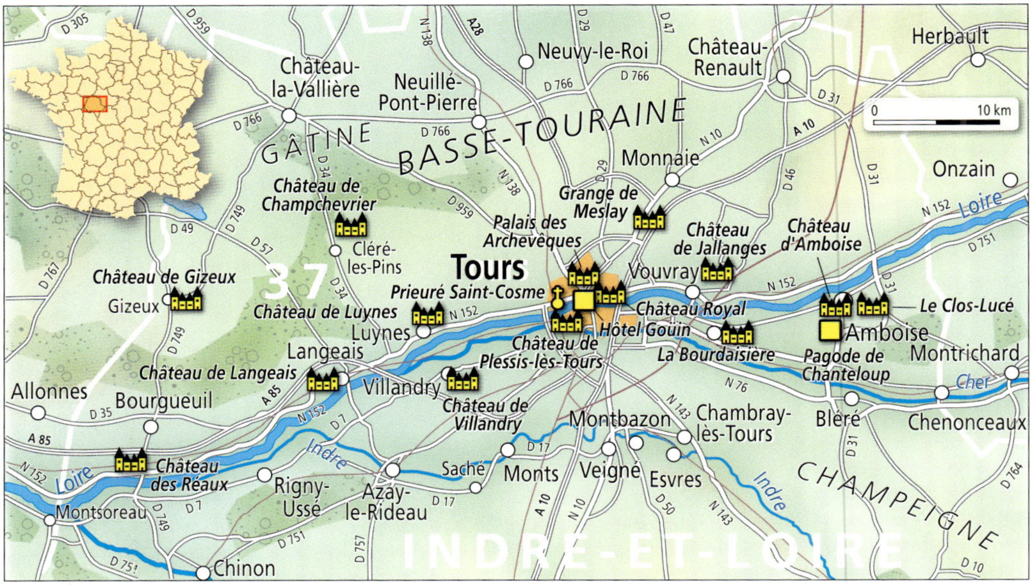

Abbaye de Bourgueil.

de la terrasse alluviale qui surplombe la Loire. Ils sont plus souples et de consommation rapide et souvent issus de vignes plus jeunes que sur les coteaux ;

— les vins produits sur sous-sol de tuf, corsés, concentrés, qui gagnent à vieillir ;

— les vins des coteaux plus élevés, sur sols plus légers et sableux ; ces coteaux sont protégés du froid par les forêts de Saint-Nicolas et de Benais.

Les vieilles vignes sont souvent vinifiées à part, et les producteurs offrent plusieurs cuvées, de graviers ou de tuf, de jeunes ou de vieilles vignes : il y a donc deux échelles de valeur qui s'entrecroisent et multiplient les expressions du cabernet-franc. Le risque avec ce cépage est d'avoir des vins insuffisamment mûrs, qui restent marqués par une verdeur et des arômes de

## Le château de Gizeux

Ecuries, château, galeries, Gizeux s'étire à n'en plus finir sous ses deux hectares de toitures, adossé à la forêt. Ce fief de la famille du Bellay, dont l'église voisine conserve deux beaux tombeaux, appartient depuis trois siècles à la même famille. Un premier château existait au XI<sup>e</sup> siècle. Le château vieux, à droite, date du XIV<sup>e</sup> siècle, et est relié au château actuel par une longue galerie où des fresques dépeignent les grands châteaux de France. La galerie François I<sup>er</sup> a conservé son plafond et ses boiseries peintes, avec le motif de la salamandre qui était l'emblème du roi : un animal réputé pour survivre aux flammes, et même s'en nourrir ; à coup sûr, un symbole de courage et de longévité, que pourrait faire sien la famille de Laffon qui entretient ce grand bâtiment. On peut dormir à Gizeux, et aussi s'y promener à cheval, ou encore en attelage, car ici les écuries sont bien vivantes. Dans ce château de famille, les enfants ne sont pas oubliés, et des animations leur sont proposées régulièrement.

## Le château de Langeais

Deux châteaux se dressent à Langeais. Le premier est édifié à partir de 994 par le comte d'Anjou Foulques Nerra : il en reste des vestiges significatifs, comme ceux du donjon, habillés aujourd'hui d'une reconstitution d'échafaudage médiéval avec ses engins de levage. De l'autre côté de la cour se trouve le château royal, édifié sur ordre de Louis XI à partir de 1465. Transition entre Moyen Age et Renaissance, il associe une façade majestueuse dotée d'un chemin de ronde, de tours et d'un pont-levis du côté de la ville à une façade résolument résidentielle du côté de la cour intérieure, avec ses nombreuses fenêtres et ses décors sculptés. Entre ses murs, le 6 décembre 1491, se déroula le mariage de Charles VIII et de la duchesse Anne de Bretagne, qui marqua le rattachement du duché à la couronne de France. Les quinze salles sont entièrement meublées et décorées grâce à la magnifique collection constituée par Jacques Siegfried : meubles, tapisseries et objets d'art évoquent les splendeurs de la vie des seigneurs du Moyen Age. Les extérieurs offrent un parcours captivant à travers les jardins d'inspiration médiévale et les récents aménagements du parc, comme le belvédère de la Loire et la cabane perchée dans un cèdre de l'Atlas bicentenaire.

Le vignoble de Saint-Nicolas-de-Bourgueil.

## Le château de Champchevrier

Entouré de forêts, Champchevrier fut une étape de chasse des rois de France. C'est aujourd'hui le siège d'un équipage de grande vénerie renommé. Le château est composé d'un pavillon renaissance et d'une construction du XVIII^e siècle, entourés de grands communs. Le beau mobilier atteste que la même famille y vit depuis plus de trois siècles.

poivron. Heureusement, la vinification a fait de gros progrès.

En général, les vins sont égrappés, cuvés longuement, et vieillissent en grands fûts de chêne quelques mois, parfois plus. Ils développent alors des arômes de framboise et de cassis ; autrefois d'ailleurs, les religieuses de l'abbaye soutiraient le vin en le passant sur des branches de cassissiers. L'usage a disparu, mais le vin s'en souvient !

Les grottes pétrifiantes de Savonnières.

Le bourgueil existe aussi en rosé, et cette production est en augmentation. Les vins sont francs et fruités, compagnons des charcuteries et des entrées.

Le vin d'appellation contrôlée Saint-Nicolas-de-Bourgueil est récolté sur cette seule commune. Les vignes touchent celles de Bourgueil, et les terres assez légères donnent des vins moins tanniques et plus fruités ; mais là aussi, le vigneron fait toute la différence.

Une partie du vignoble était terre de l'abbaye bénédictine de Bourgueil, aujourd'hui transfomée en musée. Un autre musée, à Chouzay-sur-Loire, est consacré aux mariniers : avant les routes et le chemin de fer, la Loire était le moyen de transport le plus rapide et le plus sûr — malgré

## Le château de Luynes

Le château de Luynes, au duc de Luynes, a été construit au XII$^{e}$ siècle sur les ruines d'un château antérieur. Malgré les modifications ultérieures, il a gardé l'aspect d'une forteresse agrémentée de beaux jardins. Mais derrière ses hauts murs et ses tours, la cour intérieure offre une façade Renaissance et son jardin romantique est une surprise. Demeure d'une grande famille, d'Albert de Luynes, il est richement meublé d'œuvres d'art et de tapisseries. Et sa position en surplomb de la Loire est un attrait supplémentaire.

## Le château de Villandry

D'un beau château Renaissance défiguré par les rajouts du XIXe siècle, Joachim Carvallo a fait à partir de 1906 l'écrin d'un jardin mondialement célèbre. Potager ornemental autant qu'utilitaire, jardin ornemental inspiré de ceux de Grenade, jardin classique « à la française », cohabitent et sont entretenus avec un soin jaloux par ses descendants. Les points de vue sont multipliés, de l'une des terrasses ou des étages du château, qui renferme des œuvres d'art et même le plafond d'une mosquée espagnole !

les fameux bancs de sable sans cesse mouvants qui requièrent une grande habileté dans la navigation.

Bourgueil accueille aussi des foires : une foire aux vins bien sûr, à Pâques, mais aussi une foire à l'ail à la Sainte-Anne, et une autre consacrée aux marrons, en octobre.

Pas très loin du bourg, le Moulin Bleu a gardé sa teinte peu banale depuis la Révolution française. Il peut pivoter sur son socle pour rester au contact du vent. Et, en dessous, se trouve l'inévitable caveau à vins.

A Saint-Michel-sur-Loire, le château de Planchoury est consacré à un musée de la Cadillac, ces vastes vaisseaux à la marche chaloupée qui nous ont tous fait rêver un jour.

A Lignières-de-Touraine, le manoir de Fontenay est un château fort de poche, défendu de créneau et assiégé d'arbres fruitiers : toute la douceur de Touraine.

A Cinq-Mars-la-Pile, près du château XIIIe du marquis de Cinq-Mars dont s'est inspiré Alfred de Vigny, se dresse une tour haute de vingt-neuf mètres. C'est l'orgueilleuse sépulture d'un marchand gallo-romain. Quant au château, il fut rasé « à hauteur d'infamie », comme son maître avait été décapité pour avoir comploté contre Richelieu.

A Savonnières, près du village et château de Villandry, dame nature a fait œuvre d'artiste, en recouvrant de concrétions les murs des grottes, puis les stèles des hommes, et maintenant des

## Le château de Plessis-lès-Tours

Il ne reste qu'une aile du château préféré de Louis XI, où il vécut ses dernières années entouré d'amulettes et terrifié par sa fin prochaine. Grand roi au regard de l'histoire de France, « l'universelle aragne » fut aussi un comploteur retors, qui érigea en principe l'adage selon lequel les promesses n'engagent que ceux qui les reçoivent.

œuvres d'art. Les grottes pétrifiantes sont un voyage dans un monde étrange, où le temps devient palpable et solide. On y voit aussi une faune préhistorique… reconstituée. Et en arrivant au fond des grottes on peut déguster un verre de Touraine bien mérité.

Le vignoble de Touraine, étendu et diffus, se subdivise en plusieurs appellations. Le générique « Touraine » est surtout connu pour des blancs secs de sauvignon et des rouges frais de gamay. Une bonne partie est vendue en primeurs dès l'automne de la récolte. L'urbanisation a mangé le vignoble de Joué-les-Tours, que Jullien classait en 1866 en première classe des vins de France : « Nobles, ils ont une belle couleur, du corps, du spiritueux, un goût fort agréable et surtout très franc. »

Les Touraine-Amboise utilisent le gamay, le cabernet et un peu de cot ; ils restent souples et

## Le prieuré Saint-Cosme

Prieur commendaire du prieuré, le galant Ronsard y écrivit quelques-unes de ses plus belles pages. De beaux jardins entretiennent des roses qui durent, elles, plus que « l'espace d'un instant », faisant mentir le poète. Certes, l'église est en ruines, depuis longtemps, mais on s'attarde dans ce lieu pour sa tranquillité, autour de la tombe fleurie de Ronsard.

## Le palais des archevêques à Tours

Le palais archiépiscopal de Tours, construit aux XVII^e et XVIII^e siècles, et entouré de jardins à la française, abrite un remarquable musée des Beaux-Arts. Les saisies révolutionnaires et les prises de guerre de Napoléon ont été augmentées de dépôts de l'Etat. Mantegna, Rubens, Rembrandt, Boucher, Delacroix, Degas, Monet... les tableaux sont présentés avec un riche mobilier.

## Le château royal de Tours

C'est ici qu'eurent lieu le premier mariage de Louis XI, et aussi celui de ses parents : le château de Tours a un illustre passé. Son présent était plus modeste : deux tours subsistantes, et un logis du XVI^e siècle... jusqu'à l'installation par le musée Grévin d'un Historial de Touraine. Les figurines en cire, en habits d'époque, relatent les grands évènements vécus au bord de la Loire, avec réalisme et sens du détail.

faciles ; on trouve aussi des rosés et des blancs de chenin, secs, demi-secs ou moelleux. La Commanderie des chevaliers d'Amboise en assure la promotion. A l'est, les Touraine-Mesland sont des vins plus structurés, issus des mêmes cépages : gamay en majorité, épaulé de cabernet-franc et de cot.

On y produit aussi des vins rosés, généralement secs, et des blancs à base de chenin. Cette petite appellation, qui compte moins de quarante vignerons, s'offre le luxe d'un salon des vins annuel. S'il n'a droit qu'à l'appellation Touraine, le « noble-joué » est un vin très ancien, qu'une poignée de viticulteurs a fait renaître. Tout près de Tours, ce rosé sec, ou « gris », utilise trois variétés de pinot, et a le parfum délicieux et suranné des friandises d'autrefois.

Mais le grand vin de Touraine est le vouvray. Le cépage chenin blanc donne, sur 1800 hectares au nord de la Loire, un vin qui peut être, selon le choix du vigneron et les caprices du soleil, sec, demi-sec, moelleux ou mousseux. Les grandes cuvées de grains triés, surmûris ou botrytisés font partie du cercle restreint des grands vins liquoreux. Elles ne sont produites que les meilleures années, comme 1921, 1947 ou 1989.

Les autres millésimes donnent des vins secs, ou rehaussés d'une coquetterie de sucre résiduel, et on les appelle ici des « vins tendres ».

Ces vins accompagnent tous les poissons, mais aussi les rillettes, les fromages de chèvre ; les vins demi-secs sont des vins d'entremets, les vins doux se boivent pour eux-mêmes, sur un foie gras ou bien (mais oui) sur des desserts aimables à l'amande ou aux pommes.

Enfin une production importante de mousseux allie la fermeté du cépage chenin au travail de la méthode champenoise.

Les vouvray gardent le type de leur sol argilo-calcaire, parfois mêlé de silice : un arôme de fruits mûrs ou blets, de pomme ou de coing, de fleurs blanches, de miel pour les vins doux.

L'écomusée de Vouvray est un panorama de la culture et de la vinification. Montlouis, petit frère du sud de la Loire, a les mêmes caractéristiques, un peu plus atténuées. Il souffre d'un déficit d'image… et de ponts : entre Loire et Cher, ce vignoble est isolé sur une presqu'île. La production de vins effervescents est importante.

## L'hôtel Goüin à Tours

La superbe façade construite autour de 1500 présente une décoration Renaissance, surchargée d'une loggia et d'arabesques italianisantes. Ce beau morceau d'architecture fut la victime d'un incendie en 1940, lors de la bataille de la Loire, mais a été heureusement restauré. Il abrite le Musée archéologique de Touraine.

## Le château de Jallanges

Transformé par retouches depuis la Renaissance, le château de Jallanges, au nord du Vouvray, est une belle demeure au décor de brique et de pierre, entourée d'un grand parc, lui aussi Renaissance. La famille reçoit des hôtes et les restaure. La boutique propose les quarante-sept confitures maison.

La ville de Tours a de beaux restes de son passé de capitale de France, quand Louis XI, infatigable voyageur, en avait fait le lieu de son administration, favorisant son expansion et son commerce. Beaux hôtels, monuments, cathédrale qui est un résumé de l'histoire... Les musées n'y manquent pas : le palais des archevêques abrite les Beaux-Arts ; le château royal, l'Historial de Touraine.

Le musée Saint-Martin rappelle que cet évêque fut l'un des plus importants des premiers siècles du christianisme en Gaule. Son tombeau se trouve dans une basilique de construction récente.

Le musée du Compagnonnage est rempli de chefs-d'œuvre des compagnons bâtisseurs. Juste en dessous, le musée des Vins de Touraine. Enfin, le musée du Gemmail présente un art autant inconnu que lumineux... Et à

La très belle chapelle troglodyte du domaine de Valmer.

## La grange de Meslay

Une grange, mais quelle grange ! Cette dépendance de l'abbaye de Marmoutiers fut construite en 1220. Les bâtiments que l'on peut voir font bien comprendre ce qu'était autrefois une ferme, défensive autant que productive. Dans un état de conservation exceptionnel, elle abrite aujourd'hui des réceptions et des concerts.

Rochecorbon, qui est au bord de la Loire, un autre musée est consacré aux coiffes et broderies de Touraine.

A Rochecorbon aussi le manoir des Basses-Rivières tient son nom des errements de la Loire à ses pieds. Plaqué contre la falaise, il fait profiter de sa fraîcheur un pressoir quadricentenaire.

Au sud de la Loire, le château de Cangé, construit au XVI^e^ siècle et flanqué de tours rondes, a été remanié au XIX^e^ siècle sur un air romantique.

Dans le vignoble de Vouvray, le domaine de Valmer possède une merveilleuse chapelle troglodytique, creusée dans le tuf en 1524. Le château a été construit vers 1525, et modifié par la suite. Reste d'origine le Petit-Valmer, logis du régisseur, d'une grande élégance. Le parc en terrasses multiplie les décrochements et

## Le château de La Bourdaisière

Si l'aspect actuel du château de La Bourdaisière date du XIX^e^ siècle, les souvenirs illustres en sont bien plus anciens. François I^er^ et Henri IV y ont abrité leurs favorites. On peut aujourd'hui y passer la nuit, en rêvant à Gabrielle d'Estrées. Un grand potager a été créé, qui est aussi un conservatoire des variétés anciennes de tomates.

La cathédrale de Tours.

les points de vue. Les colonnes et les vases qu'on y découvre proviennent de l'ancien château de Chanteloup à Amboise. Et la visite peut se conclure par la dégustation du vin du domaine.

Un joli manoir, le château de la Côte, se trouve au nord, à Reugny. Petit ouvrage Renaissance, il est de proportions heureuses, avec de belles lucarnes à meneaux.

Amboise fut le théâtre de la vie des rois de France. Louis XI y demeura, et en fit une ville interdite pour protéger son fils Charles VIII, qui y mourut de s'être cogné à une porte. Anne de Bretagne y vécut et aimait cette ville. François Ier y grandit, et y fit venir Léonard de Vinci. François II y tint sa cour.

La fin des Valois fut la fin des fastes des châteaux de la Loire. Restent les villes et les pierres, la Loire, dernier fleuve sauvage d'Europe, et les souvenirs accumulés ou recréés.

La Maison Enchantée représente par des automates cette riche histoire. Et, si les marches vous fatiguent, un « digest » de cette histoire existe aux portes d'Amboise : le parc des Mini-Châteaux, qui propose une quarantaine de maquettes de

## Le château d'Amboise

Amboise a vu naître, vivre et mourir plusieurs rois de France. Clovis y vint, et c'était en 503. Mais c'est au XVe siècle que le château est rattaché à la Couronne, et le restera longtemps ; il est actuellement géré par une fondation à laquelle l'a légué le comte de Paris. Les bâtiments que l'on voit ne sont que les restes d'un très grand château alliant la fin du Moyen Age au début de la Renaissance, et dont une grande part a été démantelée au début du XIXe siècle. On y croise les souvenirs de Charles VII, de Charles VIII et d'Anne de Bretagne dont la cordelière orne les cheminées, de François Ier, de Léonard de Vinci, de Louis-Philippe. On devine dans le parc les formes d'un grand château bordé de tours imposantes qu'on gravissait à cheval. Et on termine par grappiller quelques raisins près du monument commémoratifs de la captivité d'Abd el-Kader après la colonisation de l'Algérie. Un fulgurant raccourci de l'histoire de France, au bord de la Loire éternelle !

## Le Clos-Lucé

Le manoir du Clos-Lucé, résidence d'Anne de Bretagne, est la dernière demeure de Léonard de Vinci. On peut y voir sa chambre et de belles salles Renaissance. C'est aussi un lieu moderne, où ont été réalisées d'après ses croquis des maquettes de machines d'une étonnante modernité, celle du touche-à-tout génial de la Renaissance capable d'être un peintre merveilleux, un ingénieur novateur, un architecte visionnaire. Et sur les murs sont inscrits des maximes et des préceptes profonds : « Ne pas prévoir, c'est déjà gémir. »

châteaux de la Loire... pour se mettre un jour dans la peau de Gargantua. La même société a créé à Lussault-sur-Loire un grand aquarium riche de nombreuses espèces et attractions. A proximité, le « Fou de l'Ane » est un parc thématique qui présente douze races différentes de cet animal... et quelques hybrides. A ce propos, une foire aux ânes se tient chaque premier dimanche d'août à Savonnières.

## La pagode de Chanteloup

Le duc de Choiseul, tout-puissant ministre du roi Louis XV, fut disgracié en 1770 et vint se réfugier à Chanteloup, apportant avec lui des pierres de la Bourdaisière. Le château a été détruit au XIXe siècle. Il en reste cette pagode de quarante-quatre mètres de hauteur. De style Louis XVI mais d'inspiration chinoise, c'est un monument unique, la plus grande « folie » de la fin de l'Ancien Régime.

# La vallée de l'Indre

S'il me faut donner une couleur à la vallée de l'Indre, ce sera le vert. Mais le vert d'eau, celui du reflet, dans les méandres de cet affluent de la Loire, des collines et des bois. Et que de beaux châteaux autour du fleuve !

Le château d'Azay-le-Rideau en est l'illustration, monument de grâce entouré d'arbres et d'eau. Autour, le village et son vignoble, qui dispute sa place aux vergers.

Si la vingtaine de vignerons alentour produit aussi des vins rouges, l'appellation Azay-le-Rideau concerne uniquement des vins blancs de cépage chenin et quelques rosés de grolleau. Les blancs sont secs, parfois demi-secs, rarement moelleux. Ils ont un air de vouvray avec de la retenue.

C'est dans un très vieux moulin que monsieur Dufresne a implanté son musée des

Page de gauche

**Toute la grâce et l'harmonie de la Renaissance se reflète dans les douves du château d'Azay-le-Rideau.**

## Le château d'Azay-le-Rideau

Le charme d'Azay-le-Rideau fait oublier qu'il fut une forteresse défensive, entre deux bras de l'Indre. Acheté par la famille Berthelot, des financiers du royaume, il fut reconstruit au XVIe siècle et demeure l'un des plus beaux témoignages de la Renaissance et de l'influence italienne. Il en contient toutes les citations, et bien sûr le magnifique escalier « rampe sur rampe ». Chaque étage ouvre sur l'extérieur par des loggias, et les plafonds sont ornés de caissons sculptés. Les marquis de Biencourt l'ont modifié au XIXe siècle, rajoutant notamment deux tours qui heureusement s'intègrent bien aux façades. On leur doit aussi des aménagements intérieurs néo-Renaissance et un grand parc paysagé. Entouré d'eau sur trois côtés, Azay est un rêve d'architecture, « un diamant à facettes serti par l'Indre » pour Balzac, et un symbole de l'harmonie de la Touraine. Classé monument historique dès 1840, il appartient à l'Etat depuis 1905 et renferme de belles collections de meubles et de tapisseries.

Machines, qu'il qualifie de « plus fabuleuse collection à la gloire des temps modernes ! », mais aussi des milliers d'automobiles, d'avions, de tracteurs, et même une guillotine roulante !

La commune de Cheillé, au sud de l'Indre, possède trois châteaux : Chéniers est un logis du XVIe siècle près de la forêt de Chinon, augmenté d'un pavillon au siècle suivant. La Cour-au-Berruyer, derrière un gracieux pavillon orné, est un logis rectangulaire du XVIe siècle. Le château de l'Islette, avec ses tours d'angle et son escalier polygonal, rappelle Azay-le-Rideau. Il a été construit au XVIe siècle à partir d'un bâtiment antérieur.

Quelques kilomètres au sud-est d'Azay-le-Rideau, à Villaines-les-Rochers, on vit depuis toujours de la vannerie.

« Nous étions allés à Villaines, où se fabriquent les paniers du pays, nous en commander de forts jolis... », dit un personnage du *Lys dans la vallée*, de Balzac venu en voisin.

Après Saché, rendu célèbre par les séjours de Balzac, les bords de l'Indre musardent autour de la route. Dans le désordre, on y voit le beau moulin de Beaumer avec ses roues en fonte, de petits châteaux qui inspirèrent les descriptions de la « Comédie humaine », et partout de petits cabanons de pêcheurs à demi perchés sur la rivière. On vient y pique-niquer aux beaux jours en traquant l'anguille et le brochet.

Le manoir de Vonnes est décrit dans *Le Lys dans la vallée*. C'est un bâtiment entouré de deux pavillons à hautes toitures en ardoises. A Montbazon subsiste un gros donjon de Foulques Nerra, donc datant des alentours de l'an mil. Bien plus aimable est le manoir de La Belle-Jonchère à Veigné, avec sa haute toiture et la statuaire appliquée sur un corps du XVIe siècle.

Le clocher de l'église d'Esvres est recouvert de pierres. La façade est enrichie de dalles mérovingiennes. Puis l'Indre

## Le château de Saché

Le château Renaissance de Saché, remanié au XIXe siècle, fut la demeure de vacances de Balzac qui y écrivit plusieurs romans. Lui qui, toujours poursuivi par ses créanciers, ne put jamais s'offrir un château, profita souvent de celui-ci. C'est devenu le musée Balzac, cadre d'expositions et d'animations qui lui sont consacrées.

## Le château de Loches

La collégiale Saint-Ours sépare le logis royal du donjon. Le premier garde le souvenir de femmes : Jeanne d'Arc qui y retrouva « son » roi Charles VII, lequel avait achevé le Logis Vieux. Agnès Sorel, sa belle favorite, qui y est enterrée. Anne de Bretagne, dont le premier mari, Charles VIII, construisit le Logis Neuf, et le second, Louis XII, son délicieux oratoire.
Le donjon de Loches, construit par Foulques Nerra au XIe siècle, est moins aimable : massif, peu percé, il n'a rien perdu de sa puissance. L'entrée en est placée très haut au-dessus des douves sèches. Un refuge inexpugnable, entouré de son enceinte et d'annexes qui furent les cachots des rois de France, puis de la République.

nous conduit à Cormery, célèbre par ses macarons, qui en dispute la paternité à Venise. Mais aussi par les vestiges de sa très ancienne abbaye dédiée à saint Paul. Cellier, mare, menuiserie, écluserie sont éparpillés dans la ville, qui offre aussi au regard du visiteur de belles maisons anciennes.

Quelques kilomètres plus loin, au bord de la route nationale, a pris naissance une « folie » du XXe siècle : chaque été, le plus beau champ de maïs du monde renaît sous un jour différent. Un labyrinthe géant où l'on joue à se perdre dans un décor chaque été renouvelé. Animé par des comédiens, c'est aussi un lieu des plus étranges les nuits de pleine lune. Comme aurait dit Ronsard, il dure « l'espace d'un été ».

Puis l'Indre et l'Indrois se séparent, sous le regard du beau manoir de la Follaine. L'Indrois nous mène à Montrésor, dont le très ancien château surmonte un village en ruelles escarpées.

L'Indre nous conduit à Loches, où naquit le poète romantique Alfred de Vigny, mais Loches est surtout une page de l'histoire de France.

Le logis royal nous parle d'Anne de Bretagne et de la belle Agnès Sorel. Le donjon garde en mémoire les batailles et l'affirmation du pouvoir royal.

Dans le logis royal sont conservées deux œuvres de Jehan Fouquet, peintre tourangeau du XVe siècle. Un beau tryptique de la Passion, et un portrait d'Agnès Sorel, la courtisane, sous les traits d'une Vierge au lait ! Un très beau retable de Fouquet, une pietà aux tons froids, se trouve aussi dans l'église de Nouans-les-Fontaines, près de Montrésor.

La mémoire sinistre des cachots du donjon de Loches ne fait pas oublier la beauté de la vieille ville, qui descend des enceintes solides jusqu'aux portes d'en bas. Les faubourgs se sont étendus bien au-delà des murs éventrés, mais on voit de belles et vieilles maisons.

Et, à la sortie de la ville une carrière troglodytique qui s'étend dans des kilomètres de

Le Parc des Labyrinthes à Reignac-sur-Indre, splendide réalisation végétale sur un thème différent chaque année.
© Yann Arthus-Bertrand

## La chartreuse du Liget

Elevée au XIIe siècle par Henri II Plantagenêt, pour se faire pardonner le meurtre de Thomas Becket (qui l'avait excommunié), ce beau monastère trône au bout d'une longue allée. Le splendide portail votif est du XVIIIe siècle.

La ville de Loches vue du château.

galeries. Les fossiles incrustés dans le tuffeau de la carrière de Vignemont rappellent que cette roche s'est formée sous la mer, il y a 90 millions d'années. Au milieu de ce monde du silence trône une fontaine. En face, une champignonnière. Tant il est vrai que les hommes tirent toujours parti des curiosités de la nature.

Ici s'arrête le circuit connu et balisé, et le touriste regagne bien vite les bords de la Loire pour d'autres visites prestigieuses. Mais si l'on prend le temps de flâner au bord de l'Indre, on découvrira de vieux et beaux châteaux.

A l'ouest de Loches, le château de Grillemont, à La Chapelle-Blanche-Saint-Martin, est une grande forteresse construite au XVe siècle par le gouverneur de Loches, et aménagée deux cents ans plus tard.

Le château de Verneuil-sur-Indre, siège d'un marquisat au XVIIIe siècle, est une grande demeure classique.

A Bridoré se trouve une forteresse imposante, austère et défendue par une avant-cour et des douves comblées. La tour de César, à Châtillon-sur-Indre, est devenue un château d'eau ! Il s'agit là encore d'un donjon de Foulques Nerra ; le château attenant a été construit au XIIIe siècle.

A Clion, au bord de l'Indre, le château de l'Isle-Savary est une belle construction gothique du XVe siècle, aux tours d'angle carrées. Les siècles suivants ont atténué son air de forteresse par l'ouverture de sa cour.

Le château de Palluau-sur-Indre conserve une tour du XIIe siècle, dont les murs à la base ont une épaisseur de près de dix mètres. Le beau logis gothique, le puits de cent mètres, les immenses pièces souterraines ajoutent à son attirance.

Le château du Mée, à Pellevoisin, a été percé de fenêtres au XVIIe siècle. Il garde cependant son caractère défensif avec quatre tours et la salle des gardes au sous-sol.

Le château d'Argy, proche de Buzançais, allie l'architecture défensive de son donjon et de son chemin de ronde à la floraison de sa décoration, hermines et fleurs de lys mêlées. Sa ferme fortifiée du XIIe siècle complète ce très bel ensemble rural.

Bas-relief à Loches.

## Le château de Montrésor

Le trésor, c'est celui des rois de Pologne, qui voisine avec des tableaux de maîtres italiens, dans l'aile subsistante du château de Montrésor. Les plus anciens bâtiments datent de 1005 ! Avec une double enceinte et deux chemins de ronde, Montrésor montait la garde sur l'Indrois, qui est un affluent de l'Indre.

# La vallée du Cher

C'est près de Tours que nous empruntons la vallée du Cher qui longe la Sologne pour rejoindre le pays de Bourges.

Des châteaux parsèment les rives du fleuve. Azay-sur-Cher, ruine d'une forteresse incendiée pendant la guerre de Cent Ans. Leugny, sobre construction classique qui appartint aux Descartes.

Et le château viticole de Nitray, qui nous mène à Chenonceau, célèbre entre tous. On le visite bien sûr à pied, mais on peut aussi le découvrir en « bateau-mouche », et même en montgolfière.

Les bons vins du domaine de Chenonceau, rouges et blancs, secs ou parfois doux, portent l'appellation Touraine. On sait

Page de gauche
**La magie de Chenonceau, réceptacle de l'amour et de passions de femmes.**

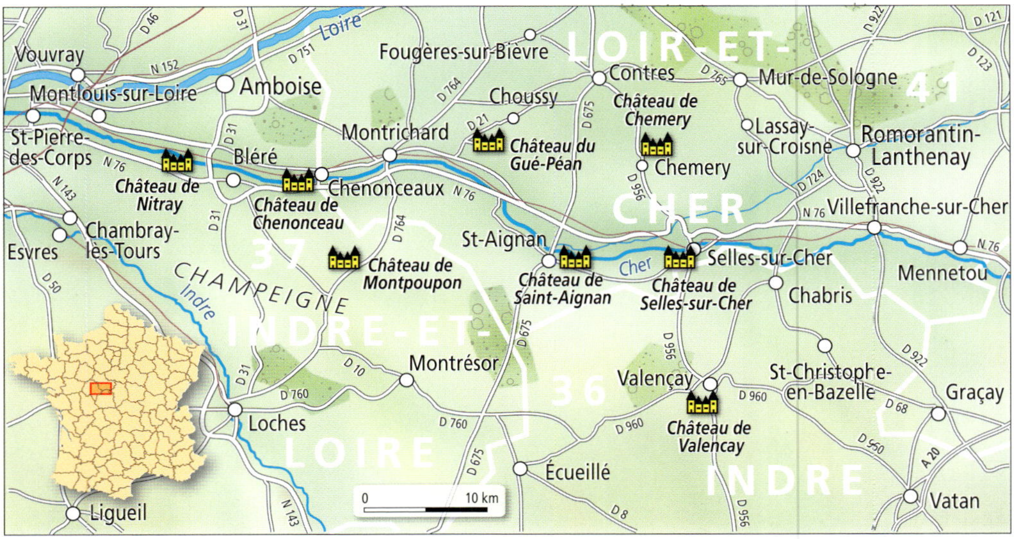

que Diane de Poitiers, quand elle était propriétaire de Chenonceau, portait une attention particulière à son vignoble.

A quelques pas, entre Chisseaux et Chissay, s'ouvre la distillerie « Fraise Or », avec ses beaux portails rétro. Le reste est bien sûr enfoui dans la pénombre des grottes.

A Montrichard se trouve une grande cave de Crémant de Loire. Cette appellation récente supplante le touraine mousseux, avec des normes de qualité calquées sur celles du champagne. Mais on n'oubliera pas de goûter le touraine mousseux

Volière de rapaces, le « Donjon des aigles », à Montrichard.

## Le château de Chenonceau

Ici, le Cher se rétrécit et s'entoure de bois, pour couler sereinement sous les arches du plus beau château-pont qui soit. Un château de femmes : construit par la famille Bohier au XVIe siècle, il fut confisqué par le roi Henri II qui l'offrit à la belle Diane de Poitiers. Mais les favorites survivent mal à la mort des princes : à la mort d'Henri II, Catherine de Médicis confisqua Chenonceau, offrant en échange Chaumont-sur-Loire où Diane n'alla jamais. On doit à Diane le jardin sur la rive du Cher, et à Catherine la galerie sur le pont. Après le temps des fêtes vint celui du deuil, celui de la reine Louise, veuve d'Henri III, dont on peut voir la chambre toute de noir. Chenonceau fut délaissé un siècle, puis vécut une nouvelle période faste grâce à Madame Dupin, amie des artistes et des écrivains. C'est aujourd'hui la famille Menier qui en est propriétaire ; après l'avoir aménagé en hôpital pendant la Première Guerre mondiale, elle l'a richement meublé, et tout récemment les cuisines en sous-sol, auxquelles on accède par une porte donnant sur le Cher, ont retrouvé les cuivres et les ustensiles d'une vraie cuisine de château.
De taille mesurée, soigné dans ses moindres détails, Chenonceau est bien une demeure de reines, et en premier celle de la belle Diane de Poitiers qui parsema les façades et les pièces des monogrammes enlacés d'elle et de son roi.

Page de gauche, en haut : **Le jardin de Catherine de Médicis.** © Hervé Ronné

Ci-contre : **Le Cher s'écoule sereinement sous les arches de ce château-pont.**

Une magnanerie (élevage de vers à soie) à Bourré.

rouge, une curiosité, une friandise à acompagner de quelques belles fraises.

Les caves Monmousseau abritent aussi le musée des Confréries européennes : avec leurs costumes flamboyants, leur langage fleuri et leurs chapitres toujours joyeux, elles sont les gardiennes du goût des bonnes choses et du bon vin, et les ambassadrices des traditions.

Un vieux donjon construit par Foulques Nerra en 1010 veille sur la ville de Montrichard.

Bourré dispute la palme du village le plus troglodytique, puisque la moitié des habitants vivent dans des grottes. On en extrayait la pierre de construction des châteaux de la Loire : plus de 300 kilomètres de

## Le château de Nitray

La « Gazette de Nitray » porte régulièrement les nouvelles de ce château qui est aussi un domaine viticole d'appellation Touraine. Le château Renaissance est entouré de beaux communs. On peut y déjeuner, déguster les vins du domaine, et visiter la Cité de la Vigne et du Vin… et même participer aux vendanges !

## Le château de Montpoupon

Le vieux château de Montpoupon a gardé un aspect médiéval malgré les rajouts de la Renaissance, dont un beau pavillon d'entrée. Dans les communs se trouve un musée du Veneur, qui présente un panorama complet de l'art et des métiers de la chasse à courre.

Thésée-la-Romaine, site gallo-romain du IIe siècle.

galeries ! L'extraction s'est arrêtée en 1932, laissant la place aux colonies de champignons : champignon de Paris bien sûr, mais aussi pleurote, puis le grand « pied bleu », et maintenant le shii-take venu du Japon.

L'atmosphère tempérée des cavernes convient bien aussi aux vers à soie, dont on a repris la culture après une longue période d'abandon. On doit à Louis XI la plantation des mûriers dont ces chenilles sont friandes. La magnanerie de Bourré est aussi un musée de la vie troglodytique.

La fierté de Pontlevoy est son abbaye du XIe siècle. Elle abrite plusieurs musées, dont un consacré au chocolat : Auguste

## Le château du Gué-Péan

Entouré de bois et de prairies, le château du Gué-Péan poursuit, un peu à l'écart des grands axes touristiques, une vie tranquille entamée au XVIe siècle. Les styles s'y superposent sans heurts autour d'une cour carrée. L'intérieur offre un riche ameublement du XVIIIe siècle.

## Le château de Saint-Aignan

Le château de Saint-Aignan-sur-Cher domine la ville sur un piton rocheux. Entouré d'une énorme enceinte, le château fort a été remplacé à la renaissance par un beau bâtiment. On y accède par un large et bel escalier aux balustrades rongées par le temps.

Poulain était né à Pontlevoy en 1825. Industriel, il fut aussi un précurseur de la publicité, dont le musée présente de nombreux exemples gourmands, amusants ou instructifs.

A Thésée-la-Romaine, un grand pan de mur du IIe siècle voisine avec un musée qui présente les résultats des fouilles de ce grand centre gallo-romain.

Saint-Aignan-sur-Cher, entre château et rivière, possède de belles maisons anciennes et une collégiale de style roman très pur. Avec ses deux clochers carrés, et le bestiaire de ses chapiteaux, c'est l'un des plus belles églises de la région.

Nous sommes en plein pays des fromages de chèvre. Celui de

Chapiteau de l'église de Saint-Aignan-sur-Cher.

Selles-sur-Cher est renommé, et bénéficie d'une appellation contrôlée. Il est présenté sous la forme d'un disque plat, blanc et ferme à l'intérieur, à croûte cendrée au charbon de bois.

Plus au sud, le valençay est un fromage à la curieuse forme de pyramide tronquée, dont voici l'histoire : le prince de Talleyrand offrit un jour à Napoléon un petit fromage de chez lui. L'Empereur, pour le goûter, en coupa la pointe du bout de son épée. Et l'on adopta définitivement cette forme. Le valençay est souvent cendré, lui aussi, et se signale par sa saveur fine de noisette.

Talleyrand avait pour cuisinier le grand Antonin Carême, phare de la grande cuisine

## Le château de Chémery

Adorable petit château que celui de Chémery ! Fruit des XVe et XVIe siècles, puis exploité en ferme, il est restauré depuis quelques années. Derrière les douves, il forme un quadrilatère bordé de bâtiments et d'un logis où le féodal le dispute à la Renaissance. Le donjon est curieux : polygonal à la base, il devient carré en s'élevant.

française et pâtissier incomparable. Face au château, Jacky Chichery perpétue la tradition. Il a même réalisé un château de Valençay en sucre.

Le vignoble de Valençay est éparpillé entre bois et cultures. Les vignes sont plantées sur des terrains d'argile à « silex blond » et craie tuffeau. On y produit des vins rouges de gamay, mais aussi de bons blancs de sauvignon, avec une pointe de rondeur apportée par le chardonnay. Bien évidemment, ils « collent » parfaitement au fromage local. Faverolles, à l'ouest de Valençay, est le lieu de naissance d'une vieille race de poules bonnes pondeuses, et de chair délectable. Leur élevage se développe actuellement, après une certaine éclipse.

Autour de Valençay, les châteaux sont nombreux sur les affluents du Cher que sont le Modon, le Nahon, le Céphons et le méconnu Renon.

Luçay-le-Male, grand château féodal remanié à la Renaissance, appartenait au domaine de Valançay lorsque Talleyrand en devint propriétaire. Le château fut alors réduit à l'état de ferme, avant d'être récemment restauré par un propriétaire dévoué. Veuil, belle demeure Renaissance, a subi le même abandon, mais n'a pas connu la même chance.

## Le château de Selles-sur-Cher

La forteresse du Moyen Age a été ruinée par Richard Cœur de Lion. Mais Philippe de Béthune, frère de Sully, reconstruisit le château au XVIIe siècle. Un pont cormant enjambe les douves, parmi les plus larges de France, et mène à un long mur à arcades qui réunit deux grands pavillons. Les arbres du parc et la rive du Cher adoucissent la rigueur de ces constructions haute époque.

Le château de La Moustière, à Vicq-sur-Nahon, est un parfait exemple de classicisme : logis au fronton triangulaire, avancées et petits pavillons sur les côtés, belles dépendances et chapelle ; l'ensemble est harmonieux, et de plus superbement situé au-dessus de la rivière.

Dans le château d'Entraigues à Langé, des maçons découvrirent au siècle dernier le squelette d'une jeune femme emmurée, richement vêtue… Episode sombre de la vie de ce gros logis médiéval cantonné de grosses tours rondes.

Plus au sud, le château de Bouges est un frère jumeau du Petit Trianon de Versailles. Beau mobilier, parc d'essences rares, voitures hippomobiles et sellerie incitent à la visite.

Valençay vu de ses jardins. De l'autre côté, les deux longues ailes délimitent la cour d'apparat.

Les bords du Cher.

## Le château de Valençay

Spectacles son et lumière, animations en costumes d'époque, dégustations, équitation... le département de l'Indre a fait du château de Valençay un haut lieu touristique. Il faut dire que ce véritable palais, élevé aux XVIe et XVIIe siècles, est un merveilleux exemple du style de la Renaissance, puis du classicisme naissant. Plus de cent pièces meublées avec luxe, des tapisseries, la table de la signature du congrès de Vienne rapportée par Talleyrand, qui est l'hôte le plus célèbre de cette maison. Ce roi des diplomates, qui survécut à tous les régimes, fut installé à Valençay par Napoléon, afin d'y accueillir les hôtes de la France. De Valençay, il mena la politique de la France, servant Napoléon puis Louis XVIII avec le même brio étourdissant. Il est enterré près de son château.

# La Loire de Blois et de Chambord

Le Blésois est l'une des régions les mieux dotées de la Loire en châteaux, petits et grands. Cinq siècles après, on y sent encore l'influence de la dynastie des Valois, qui y tint sa cour itinérante, et y construisit des châteaux prestigieux.

Largement boisée, la rive sud de la Loire accueille des châteaux de grand intérêt, comme Chaumont ou Beauregard. Miligérien, mi-solognot, le pays recueille les eaux du Cosson et du Beuvron, c'est-à-dire les eaux de Sologne, qui rejoignent la Loire après avoir encerclé Candé-sur-Beuvron. Cette ville est un ancien port sur la Loire, mais les alluvions l'en ont peu à peu écartée.

Près de Fougères-sur-Bièvre, le château de Roujoux est un logis Louis XIII dont la tour est coiffée d'un dôme à clocheton. L'histoire en est contée par des automates, depuis les Vikings jusqu'au XX^e^ siècle.

D'un coin de Sologne humide et infesté de moustiques, la

Page de gauche
**Chambord, chef-d'œuvre de la Renaissance à la symétrie subtilement faussée.**
© Hervé Champollion

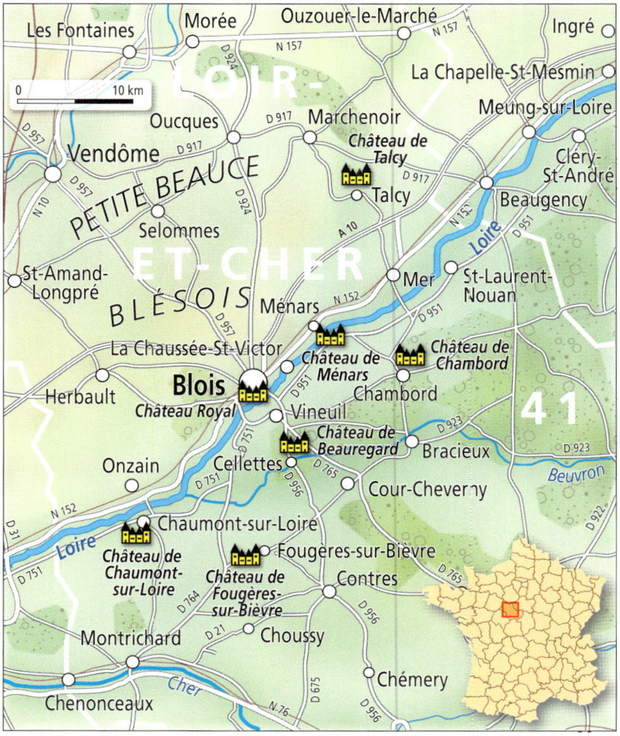

## Le château de Chaumont-sur-Loire

Face à la Loire, trois corps de logis subsistent du château élevé à la fin du xve siècle par Pierre d'Amboise sur les ruines du précédent que Louis XI avait fait construire. Ce grand ensemble mi-gothique mi-Renaissance a vu passer Catherine de Médicis et son astrologue sulfureux et conseiller secret Ruggieri, qui y aurait prédit la longévité des futurs rois de France ; Diane de Poitiers, qui lui préférait sa demeure d'Anet ; Madame de Staël exilée de Paris par Napoléon ; et la princesse de Broglie, qui y apporta les fastes des années 1900 et fit construire des écuries luxueuses, et éclairées à l'électricité, pour abriter ses chevaux, mais aussi toutes sortes d'animaux, et même un éléphant. Chaumont a été acheté par l'Etat en 1938.

Le château est entouré d'un parc, dessiné par Jacques Wirtz, qui est chaque année le cadre d'un festival international des jardins : parmi des centaines de projets, une vingtaine sont sélectionnés et réalisés, offrant ainsi un panorama unique de la création contemporaine en la matière.

**Comme dans de nombreux châteaux, la destruction d'une aile a ouvert Chaumont sur la Loire.**

volonté de François I^er^ a fait surgir le plus somptueux des rendez-vous de chasse. Chambord, s'il a peu été habité, a profondément changé son environnement : le Cosson, canalisé, permet des promenades en barques. Mais on peut aussi préférer la promenade en calèche attelée.

Le parc clos de quatre mille hectares est en partie accessible pour l'observation des grands animaux, et l'écoute du brame des cerfs à l'automne. Le château abrite un important musée de la Chasse, avec des œuvres de Desportes, Oudry... Le « Game Fair » est en juin le rendez-vous incontournable des chasseurs, des armuriers et des éleveurs.

Saint-Dyé-sur-Loire, étape du chemin de Saint-Jacques-de-Compostelle, était le port de débarquement des matériaux de la construction de

## Le château de Fougères-sur-Bièvre

Le château de Fougères-sur-Bièvre se présente comme un quadrilatère bien défendu par un vieux donjon et un haut châtelet d'entrée, typique de la fin de l'ère gothique. A l'intérieur, le dépaysement est total. Avec ses galeries superposées aux arcades inspirées du château de Blois, les frontons très ornés des portes et les clochetons des tourelles, la cour intérieure semble être celle d'un hôtel villageois. De l'art de vivre heureux, une fois le portail refermé.

Chambord. Et aussi la résidence de François Ier pendant les travaux, puis celle des habitants du château : même la volonté royale ne put empêcher les moustiques de revenir tous les étés. On visite aujourd'hui l'église où est enterré Dié, aussi Déodat, ermite de VIe siècle.

Tout près, à Saint-Claude-de-Diray, une ferme produit des ignames ! Ce légume exotique, qui est la pomme de terre des tropiques, semble s'être

## Le château de Beauregard

Le château de Beauregard est célèbre pour sa galerie de portraits d'hommes et de femmes illustres, commandée au XVIIe siècle par Paul Ardier, ancien ministre d'Henri IV. Trois cent vingt-sept souverains, savants et écrivains couvrent les murs de la galerie, dont le sol est une armée de 5600 soldats en faïence de Delft. Une pièce unique, abritée dans une galerie construite au XVIIe siècle en retour d'un beau logis du XVIe siècle. Le jardin des portraits récemment créé est un prolongement champêtre à cette belle page de l'Histoire.

## Le château de Ménars

Le château de Ménars, de style Louis XIII, a appartenu à Colbert et à la marquise de Pompadour. Son parc est superbe. Mais on retiendra surtout les jardins qui s'étagent jusqu'à la Loire, et que l'on peut admirer depuis l'autre rive.

bien adapté, puisqu'une foire à l'igname a lieu en avril dans cette commune.

Le vignoble de Touraine pousse son aire d'appellation jusqu'à Blois. Mais on n'y récolte plus guère de vin. Et en tout cas plus de « vin noir », qui n'avait pour seul mérite que de renforcer les rouges maigrelets ; ou même, à raison d'une proportion pour six, de changer le vin blanc en vin rouge !

Entre Blois et Onzain, la « côte des Grouets » était au siècle dernier très renommée pour ses rouges colorés et de longue garde.

Le château de Blois est un résumé de la Renaissance

française... et des périodes suivantes. A l'autre extrémité de la grande place d'entrée, une maison bourgeoise est pleine de chausse-trapes, d'illusions et d'ensorcellements. Dans les combles, « l'académie des secrets » est la gardienne jalouse des tours de main transmis seulement de bouche de magicien à oreille de magicien. Car c'est le musée Robert-Houdin, dédié au « maître de tous les magiciens », né à Blois en 1805.

Détail d'une des entrées du château de Blois.

Chaque jour, à midi, apparaît aux fenêtres un dragon à six têtes, face à la statue équestre de Louis XII.

A Blois toujours, le musée de l'Objet est une étonnante rétrospective de la sculpture et de l'art contemporains. Le musée des Beaux-Arts est plus classique, avec de belles toiles de la Renaissance. Blois est aussi un centre de production d'émaux. Et la ville natale de Denis Papin, l'inventeur de la machine à vapeur, qui est honoré par une statue, sur l'escalier qui mène de la ville haute à la ville basse. C'est sans rancune de la part de Blois, ville de haras national, où l'on peut assister aux amours printanières des étalons de vieilles races de chevaux de trait supplantées par les machines agricoles.

L'imposante halle aux grains du XIXe siècle a été classée monument historique, et abrite un centre culturel. Les vieilles rues dégringolent vers la Loire, par le quartier du Puits-Chatel qui a échappé aux bombardements de la dernière guerre.

## Le château royal de Blois

Le château de Blois a longtemps bénéficié de l'attention des rois de France qui y tenaient leur cour. La forteresse du XIIIe siècle des comtes de Blois a été augmentée d'une aile et d'une galerie sous Louis XII ; d'une autre aile sous François Ier, avec le célèbre escalier à vis, une novation venue d'Italie ; et de la façade des Loges, grandiose accumulation de loggias face à la ville. Au XVIIe siècle, Gaston d'Orléans, frère de Louis XIII construisit une autre aile, de style classique, en détruisant un bâtiment de Louis XII. Il avait projeté de remodeler l'ensemble du château mais dut — heureusement — y renoncer, faute de moyens, et vécut dans le château ancien, contemplant son rêve inachevé.

C'est là qu'en 1429 Jeanne d'Arc organisa son armée, fit bénir son étendard et repartit le 24 avril pour délivrer Orléans. Et, en 1588, que fut assassiné le duc de Guise, bras armé du massacre de la Saint-Barthélemy.

L'intérieur du château, qui avait servi de caserne, a été très restauré au XIXe siècle. On y voit notamment des cheminées monumentales, dont le modèle a essaimé partout en France.

**A gauche du gros corps central, l'aile du roi est construite comme une curieuse annexe.** © Hervé Champollion

## Le château de Chambord

« La base de cet étrange monument est, comme lui, pleine d'élégance et de mystère : c'est un double escalier qui s'élève en deux spirales entrelacées depuis les fondements jusqu'au-dessus des plus hauts clochers, et se termine par une lanterne ou un cabinet à jour, couronnée d'une fleur de lis colossale, aperçue de bien loin… Cela semble une pensée fugitive, une rêverie brillante qui aurait pris tout à coup un corps durable ; c'est un songe réalisé » (Alfred de Vigny).
Comment un aussi gros château arrive-t-il à paraître si gracieux, si foisonnant d'esprit ? Un mystère de plus pour Chambord. Plus de quatre cents pièces, une cheminée pour chaque jour de l'année, soixante-quinze escaliers, Chambord défie la logique. On croit le connaître sur son plan, au fond très simple : un escalier central, un plan en croix grecque desservant des appartements identiques à chaque étage ; et l'on se perd dans les cabinets, on soupçonne des entresols et des escaliers dérobés.
On le croit d'une symétrie parfaite ; et chaque façade offre de légers déséquilibres, une galerie rajoutée ou obstruée, un escalier en trop, sans parler de la formidable anarchie qui règne sur les toits, où un village semble camper autour des cheminées.
Chambord est un château unique par le projet politique qu'il représente. Dans une région pauvre et marécageuse, dont le seul attrait pour un roi de France était le plaisir de la chasse, il est né sous des auspices favorables : un roi puissant, François Ier, et une époque fertile, la Renaissance. Quelle est la part de Léonard de Vinci dans ce projet ? On lui attribue au moins la paternité de l'escalier. Pour le reste, c'est l'air du temps qu'il convient de saluer. L'architecture est le reflet de ce temps. La forteresse défensive s'efface derrière le plaisir de la vie, de l'air et des fêtes. Les grosses tours rondes sont un discours sur le pouvoir, mais un pouvoir sûr de lui : une puissance politique plus qu'une garnison en éveil. L'empereur Charles Quint fut saisi devant cette œuvre, s'exclamant : « C'est la synthèse de ce que peut effectuer de mieux l'esprit humain. » Sans doute y vit-il aussi une certitude : la France était devenue un grand royaume.
Mais, peut-être, la réalisation a-t-elle dépassé le projet. A tel point que les appartements royaux durent être construits « à côté » : le château est lui-même la couronne et se passe d'un souverain. Chaque occupant semble avoir été un locataire, s'y aménageant quelques espaces pendant son bail… Et Chambord a passé les siècles, si peu marqué par ces transformations qu'on l'imagine tel quel après bien d'autres siècles. Toujours posé en Sologne comme un gros diamant au milieu de la France. Avec l'écrin qui lui convient : un parc grand comme Paris, entouré du plus long mur d'Europe.

Un chapelet de belles demeures s'égrène sur la rive droite de la Loire, entre la route et le fleuve : le château de Saint-Denis-sur-Loire date du XVII^e siècle. Il a pris la place d'un château fort antérieur. Le château de Cour-sur-Loire a appartenu un temps à la marquise de Pompadour. Il jouit d'une belle situation sur le fleuve. La construction du XV^e siècle a été par la suite amplement décorée de tourelles. Le château des Forges à Suèvres communique avec l'église du village par un souterrain. De dimensions modestes, c'est cependant une vraie demeure seigneuriale avec sa tour à pans et ses mâchicoulis.

La famille d'Avaray joua de malchance au XVI^e siècle : un de ses membres faillit éborgner François I^er lors d'une fête. Un autre, Gabriel de Lorges, affrontant lors d'un tournoi le fils du précédent, le roi Henri II, cassa sa lance qui creva l'œil du roi. Les médecins de la Cour tentèrent de le sauver, n'hésitant pas à décapiter quatre condamnés pour étudier leur tête ! Le roi mourut dix jours plus tard... Bref, le château, entouré de douves, fut remanié au XVIII^e siècle en conservant ses tours anciennes.

A l'écart des routes touristiques, Talcy mérite le détour pour son château et pour le beau moulin à vent tournant, qui produit encore sa farine. Le socle est en pierres, et le moulin en bois. Ce type de moulin était actionné par un âne attaché à une longue barre de bois : l'âne n'aime pas le vent, sans doute à cause de ses grandes oreilles. Aussi il s'abrite derrière le moulin, orientant ainsi toujours les ailes du bon côté.

## Le château de Talcy

Un château rustique du XVI^e siècle, avec son puits couvert, son grand pressoir et son colombier, élevé par un banquier italien, dont la fille fut la Cassandre célébrée par Ronsard : « Mignonne, allons voir si la rose... » Diane Salviati, nièce de Cassandre, fut quant à elle l'amour impossible, pour cause de religion, et la muse du poète Agrippa d'Aubigné.

# La Sologne

Comme une mer soumise aux marées, la Sologne oscille entre les frontières qu'on lui donne ou qu'on lui reprend. Autrefois partagée entre le comté de Bois, le duché d'Orléans et le duché du Berry, elle campe aujourd'hui sur trois départements. L'unité, c'est le paysage qui la fait. On nous pardonnera d'en avoir arraché quelques bordures plus ouvertement liées à d'autres itinéraires. Avant de pénétrer le pays des étangs, parlons un peu de vignes.

En 1519, François Ier fit venir de Bourgogne 80 000 pieds de vigne pour les cultiver autour de son château de Romorantin. La variété prit naturellement le nom de romorantin, et ce cépage n'a subsisté qu'ici. Autour de Cheverny, il a pris l'appellation contrôlée Cour-Cheverny. Ces

Page de gauche
**Ce pavillon central du château de Cheverny abrite la cage d'escalier. La façade semble simple, mais son dessin subtil lui donne un rythme harmonieux.**


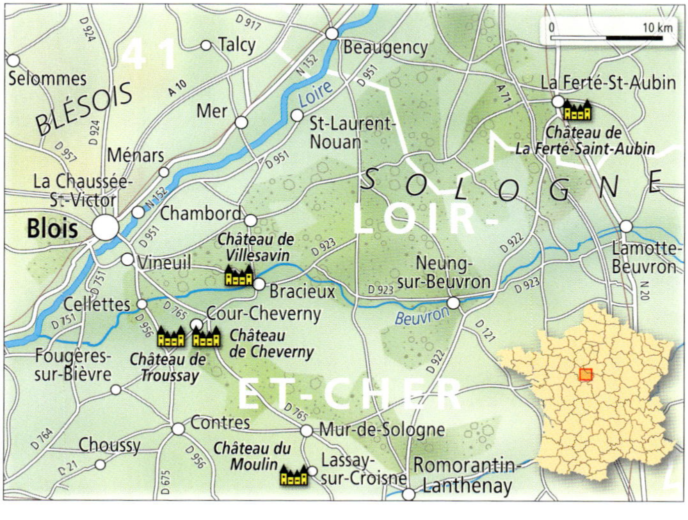

© DR

## Le château de Cheverny

A l'entrée de la Sologne, le château de Cheverny trône au milieu d'un grand parc qui met en valeur la blancheur de la pierre de Bourré. De style Louis XIII, il est parfaitement symétrique ; le mobilier est riche de tapisseries remarquablement conservées. Dans le parc, on peut voir l'orangerie, et les chenils de l'équipage de Cheverny. De nouveaux jardins mettent en valeur le château : le Jardin bouquetier en face de la salle des trophées et le jardin des Apprentis entre le château et l'orangerie.

vins blancs sont de robe pâle, secs, vifs, d'acidité franche et d'honnête longueur. On y trouve souvent une curieuse note salée qui en fait de bons compagnons des huîtres et des fruits de mer.

L'appellation Cheverny s'applique à des rouges de gamay rehaussés d'un peu de pinot noir, et à des blancs de sauvignon et chardonnay. Les deux appellations se retrouvent une fois l'an dans l'orangerie du château pour la fête de la Saint-Vincent.

La Sologne, pays secret, humide et bruissant de mille vies animales, est un immense espace naturel préservé. Et pourtant ! Son aspect ne date que d'un siècle : c'était auparavant un immense marécage insalubre entrecoupé de landes, même si elle fut assez riche quand les rois de France y tenaient cour. Aux cultures se mêlaient alors les élevages de moutons. On visite à Fontaine-en-Sologne une grande ferme qui conditionne l'agneau sous de multiples formes.

On doit à Napoléon III un grand programme d'assainissement : plantations de forêts, création d'étangs et de canaux. La famille impériale avait d'importants domaines en Sologne.

Depuis lors, la chasse a pris une ampleur grandissante. Chasse dans de grands domaines où la garderie est assurée comme autrefois, avec cultures à gibiers et piégeage des nuisibles. Ou chasse moins noble pour les nemrods du dimanche.

Le « Raboliot » de Maurice Genevoix est l'archétype du braconnier de Sologne, rustre mais malin, coulé dans la glaise des marais. L'écrivain l'a d'ailleurs écrit sur place, prenant pour exemple un braconnier local nommé... Depardieu.

On le comprend, malgré les domaines privés cachés derrière les barbelés, la Sologne n'est pas une région riche.

L'absence de pierres a rendu rares les châteaux. Le Moulin

## Le château de Villesavin

Lorsque François Ier, fait prisonnier à la bataille de Pavie, revint de captivité en 1526, il chargea Jean Le Breton, qui avait partagé son sort, de diriger le chantier de construction de Chambord. Le Breton profita certainement des idées mises en œuvre pour construire son château de Villesavin, situé à un jet de pierre. Le résultat est une charmante demeure, harmonieuse et soigneusement ornée.

Sculpture ornementale au château de Villesavin.

## Le château de Troussay

La gentilhommière de Troussay est depuis 1450 un délice de petit château, avec son logis à deux étages de fenêtres à meneaux et ses deux ailes closes de tourelles. Les communs sont plus importants, ce qui est bien normal pour un domaine rural. Le potager à la française est bordé de vieux buis. C'est aussi un musée de la Vie traditionnelle en Sologne.

est sans doute le plus représentatif. A Neuvy, le château d'Herbault fut construit par Nicolas de Foyal, surintendant des travaux de Chambord. Tout en hauteur, bordé de jolis communs, il est entouré de douves. Le château de La Ravinière, à Fontaines-en-Sologne, est du début XVI^e^. Le corps central et les petits pavillons des ailes ont de belles fenêtres à meneaux. Le château de La Borde à Vernou-en-Sologne est de style Louis XIII, en brique et pierre. Celui de Villebourgeon à Neung-sur-Beuvron, de 1650, a été harmonieusement agrandi au XIX^e^ siècle. Il est entouré de bois et d'un bel étang.

La Morinière, à Mur-de-Sologne, est un petit château entouré de douves, surmonté d'un curieux lanternon. Le château de Montgiron à Veilleins occupe trois côtés d'une cour : un corps central du XVIII^e^ siècle, et des ailes plus anciennes terminées par des tours à poivrière.

Romorantin-Lanthenay est la « capitale » de la Sologne. François I^er^ y vécut enfant, sa mère étant veuve du comte d'Angoulême. C'est à Romorantin qu'en 1499 Anne de Bretagne donna naissance à une fille, Claude, qui fut mariée à François I^er^, lui permettant de conclure le rattachement de la Bretagne à la France. Le roi garda de la ville un bon souvenir, à tel point qu'il envisagea d'en faire sa résidence.

Le plan dressé par Léonard de Vinci comportait deux châteaux jumeaux séparés par un canal, permettant d'assister à des joutes nautiques. On sait que ce fut Chambord qui fut choisi. Le château de François I^er^ est devenu une sous-préfecture, et Romorantin est resté une ville tranquille, bien qu'on y trouve un musée de la Course automobile. L'activité ancienne de filatures a fait place au tourisme.

En novembre, les Journées gastronomiques de Sologne sont un rendez-vous du tourisme et de la bonne chère, qui s'accorde avec la pleine période de la chasse.

Le musée de la Sologne est installé dans des moulins sur la Sauldre. Il présente des documents sur l'histoire, l'économie, les métiers et, bien sûr, la chasse. Il englobe la tour Jacquemart du XIIe siècle, ancienne porte d'entrée de la ville.

Menetou-sur-Cher est une jolie ville médiévale qui se visite à pied, de la rue de l'Enfer à la rue du Paradis, et dont l'andouillette est renommée : la foire se tient le premier week-end de mai.

Vierzon est la porte sud de la Sologne, dont l'église mêle avec bonheur le roman du XIIe siècle et les rajouts gothiques. Au XIXe siècle s'y développa une production importante de porcelaine, utilisant le kaolin du sous-sol.

A Saint-Georges-sur-la-Prée, le musée de l'Ocre est consacré à cette terre d'argile, colorée par l'action de l'oxyde de fer, et qui fut extraite depuis le haut Moyen Age. C'était un pigment fort réputé pour les fresques et les peintures.

## Le château du Moulin

Débarrassé de ses murs et de ses tours d'angle, le château fort du Moulin est devenu une belle demeure largement ouverte sur le paysage boisé de Sologne. Le châtelet d'entrée garde les traces du pont-levis. La salle des gardes qui lui est accolée a une fort belle voûte gothique. Le logis tout en hauteur est raffiné, avec de belles cheminées et des plafonds peints qui n'ont pas été retouchés depuis le XVe siècle.

A La Ferté-Imbault, qui accueille un grand et beau château de briques reconstruit en 1630, subsiste un artisanat ancestral : la fabrication de balais en bouleau. Hé oui, ces vieux balais, presque inusables, et sans lesquels les sorcières iraient à pied !

Commence alors le pays des forêts, entrecoupées de clairières où les villages comptent trois maisons. Nançay est dédié au *Grand Meaulnes* d'Alain-Fournier (qui le décrit comme « la bourgade mystérieuse aux confins de la terre »), avec un musée imaginaire pour ce personnage fantomatique. La Sologne est bien « le pays sans nom » où tout peut arriver, et *Le Grand Meaulnes* a d'ailleurs failli s'appeler ainsi. Le musée est installé dans une salle des communs du château, par ailleurs occupés par une galerie d'art renommée. Il présente des manuscrits et des photos se rapportant à l'unique roman d'Alain-Fournier, mort sur le front à 24 ans. S'il a échoué de peu au Goncourt, *Le Grand Meaulnes* a durablement marqué la littérature du siècle, sans cesse disséqué et étudié... et redécouvert par chaque génération d'adolescents.

La ville est aussi la patrie des Sablés de Nançay, pâtisserie

## Le château de La Ferté-Saint-Aubin

Le grand château de La Ferté-Saint-Aubin fut construit au XVIe siècle, puis fortement agrandi sous Louis XIV. La juxtaposition du château vieux et d'une grande construction classique lui donne son charme. Le château comme les longs communs sont en brique, matériau traditionnel de la Sologne. Au milieu des bois, entouré de belles douves, La Ferté évoque l'automne, la chasse et la pêche... Après une période de semi-abandon, il a été récemment remis en état.

inventée en 1953 à la suite d'une erreur.

Comme serait une erreur la création de la célèbre tarte Tatin, au début du siècle, à Lamothe-Beuvron. La tarte aux pommes des demoiselles Tatin a fait le tour du monde, mais rien ne vaut que de la déguster sur son lieu de naissance, à l'Hôtel Tatin, face à la gare. Pour rétablir la vérité, notons que cette tarte renversée, cuite pâte dessus et servie pâte dessous, est une vieille spécialité solognote. La Confrérie des Lichonneux de tarte Tatin veille jalousement à l'observance des règles de fabrication et de service : pas de crème, pas de confiture, pas d'alcool !

La façade toute simple du château d'Argent-sur-Sauldre ne dit pas qu'il date du XVe siècle. Ni qu'il abrite un joli et fort intéressant musée des Métiers et des Traditions populaires, dans lequel les heures s'écoulent sans qu'on s'en aperçoive.

A Clémont, le château de Lauroy, en briques bien sûr, est tout de longueur et d'harmonie. Le château de Moléon, à Nouan-le-Fuzelier, est entouré de grandes douves ; sa petite taille n'enlève rien au charme du XVIe siècle et des belles lucarnes Renaissance.

Une route de découverte des étangs part de Saint-Viâtre, petit village typique et jadis lieu de pèlerinage contre le paludisme.

Le musée des Métiers et des Traditions populaires d'Argent-sur-Sauldre.

Les étangs, ils se comptent par centaines. Pour la chasse, bien sûr, mais aussi pour les carpes, anguilles, brochets, que déversent les vidanges, et qu'accommode la gastronomie locale.

La Ferté-Saint-Aubin est renommée pour son grand château, qui abrite aussi des écuries et une ferme pour les enfants. Le vieux quartier a conservé les maisons basses traditionnelles de Sologne. Au nord, le château de Boisgibault est entouré de bois ; il forme un ensemble homogène du XVIIe siècle, autour d'une cour fermée par un beau portail.

Pour découvrir la nature au moindre effort, il y a les parcs zoologiques. Et puis le domaine du Ciran, à Ménestreau-en-Villette. Les paresseux se contenteront de la projection vidéo. Les marcheurs prendront bottes et jumelles pour découvrir la faune sauvage de ce parc de trois cents hectares, dont le département a fait une vitrine de la Sologne.

La tarte Tat n.

# La Loire de Beaugency à Briare

C'est à Beaugency que fut prononcé, en 1151, un funeste divorce : celui du roi Louis VII et d'Aliénor d'Aquitaine. Deux mois plus tard, elle épousait Henri Plantagenêt, duc de Normandie, futur roi d'Angleterre, et lui apportait l'Aquitaine.

Tout autour, la ville de Beaugency n'est pas en reste de richesses. Le château Dunois bien sûr, mais aussi la tour Saint-Firmin, clocher subsistant de l'ancienne église détruite à la Révolution. Et le beau pont sur la Loire dont l'origine remonte au XIe siècle, et qui joua un grand rôle dans la guerre de Jeanne d'Arc contre les Anglais.

Passé le pont, les bords de Loire se font plus sauvages. Face à Beaugency, le fleuve s'égare

Page de gauche
**A Sully, la Loire se canalise pour former de larges douves autour du château.**


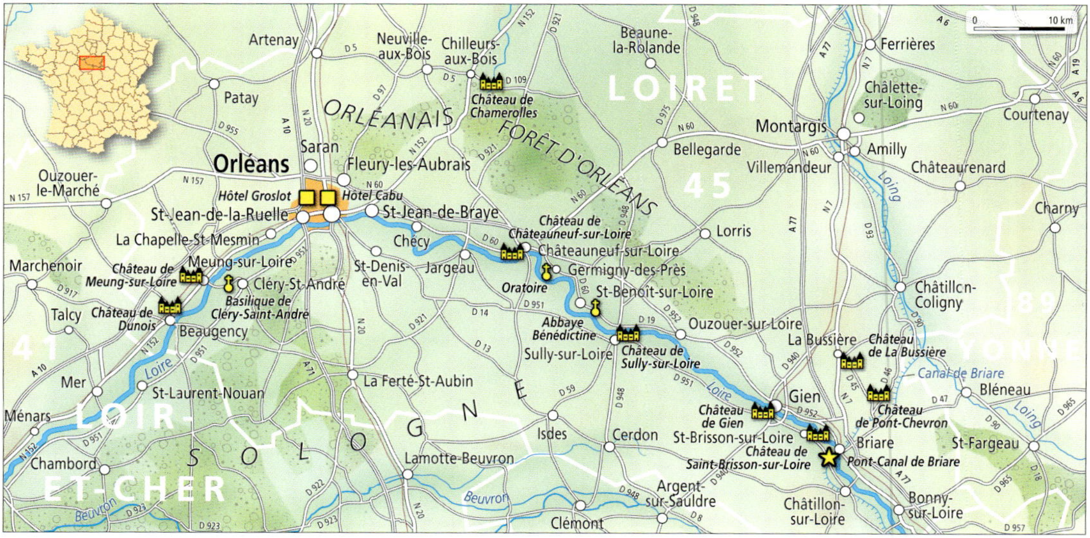

Sur les bords de la Loire.

en filaments souvent ensablés, dégageant des îlots envahis d'oiseaux et de quelques castors qui taillent des arbustes en pieux aiguisés.

Le château d'Huisseau-sur-Mauves, à l'ouest d'Orléans, a été reconstruit au XVIIe siècle. Il garde des éléments plus anciens, notamment une poterne encadrée de tours, et de grandes cuisines où passa Jeanne d'Arc avant la bataille de Patay où, le 18 juin 1429, 4000 Anglais furent tués ou faits prisonniers.

Le château de Chevilly, au nord d'Orléans, dans un bel environnement forestier,

## Le château de Dunois

Au cœur de la ville de Beaugency, le château de Dunois porte le nom de ce fidèle compagnon de Jeanne d'Arc, qui était un bâtard de la maison d'Orléans. Le château a été construit par Dunois auprès du donjon du XIe siècle ; ce dernier brûla au cours des guerres de Religion, puis s'effondra au XIXe siècle, mais il est toujours debout ! C'est aujourd'hui le siège du musée d'Art et des Traditions populaires de l'Orléanais.

## Le château de Meung-sur-Loire

Le contraste est saisissant entre la façade du XVIIe siècle à crépi rose, restaurée et sobrement classique, et les tours médiévales qui s'entrechoquent à l'extérieur. Si la première peut symboliser la résidence des évêques d'Orléans jusqu'à la Révolution, les secondes rappellent que le château était aussi le lieu de leur justice : cachots, culs-de-basse-fosse, salle de torture... Parmi nombre d'anonymes, François Villon goûta ici à la justice ecclésiastique. Une fois n'est pas coutume, c'est Louis XI qui l'en tira.

présente une façade imposante. La chapelle classique est remarquable pour ses boiseries.

A l'entrée d'Orléans, la Loire accueille un tout petit affluent : le Loiret, qui ne fait que douze kilomètres de long, bien qu'il ait donné son nom au département. Le plus curieux est que cette courte rivière, qui jaillit de terre, n'est qu'une résurgence de la Loire ! Autour, s'est développé le parc floral de la Source, sur un jardin paysager créé au XVIIIe siècle par un amateur anglais. D'avril à septembre se succèdent les floraisons de centaines de variétés de fleurs, dont huit cents variétés d'iris. C'est le lieu de promenade des Orléanais, agrémenté d'expositions et d'une serre à papillons.

Orléans est une grande ville tranquille qui aurait pu être la capitale de la France. Jeanne d'Arc y débuta sa campagne victorieuse, en 1429. Maltraitée pendant les guerres de la Ligue au XVIe siècle, Orléans perdit ensuite de son importance stratégique.

Et l'industrie du vinaigre a remplacé celle du sucre (qui fournissait la moitié du royaume), et le débarquement du vin pour Paris. Ces vins, qui avaient voyagé sur la Loire, arrivaient parfois « piqués » à Orléans. On en fit donc du vinaigre. Une seule entreprise continue cette tradition de maturation dans des fûts de chêne et d'aromatisation du vinaigre.

Plus aimable est le cotignac, cette pâte de fruits très sucrée qui est une spécialité d'Orléans. Il est vendu en boîtes de bois à

## La basilique de Cléry-Saint-André

La basilique Notre-Dame de Cléry renferme le corps de Louis XI, l'un des rois les plus controversés de l'histoire de France. Religieux jusqu'à la superstition, c'est à la suite d'un vœu qu'il fit reconstruire cet ancien lieu de culte, dans un gothique flamboyant assez rare en vallée de la Loire. Le tombeau de Louis XI date de 1894 ; il remplace celui élevé sous Louis XIII et détruit à la Révolution, qui lui-même remplaçait la statue en bronze volée par les huguenots. Louis XI ne laisse jamais indifférent !

l'effigie de Jeanne d'Arc. Tallemand des Réaux, un chroniqueur du XVI^e siècle plus porté sur les petites histoires que sur la grande, raconte que François I^er, en visite impromptue à l'une de ses bonnes amies, la trouva dans son lit... et aperçut un grand seigneur de la Cour caché dessous. En souverain, il prit la place qui lui revenait, mais en amant sans rancune, il lança en consolation un sachet de cotignacs sous le lit en s'écriant : « Tiens donc ! Il faut bien que tout le monde mange ! »

La cathédrale Sainte-Croix a subi bien des tourments : pourtant des Capétiens s'y sont fait sacrer. Mais elle fut détruite par les calvinistes, et reconstruite par Henri IV, alors fraîchement converti. Tous les siècles successifs ont laissé leur empreinte dans ce beau monument gothique. Les amateurs d'art roman ne manqueront pas la respectable église Saint-Aignan et sa crypte aux chapiteaux sculptés.

Le musée des Beaux-Arts abrite des œuvres de Watteau, Ruysdael, Velasquez, Delacroix, un riche fonds contemporain, et surtout un cabinet de pastels de haut niveau.

On visite aussi la maison de Jeanne d'Arc, reconstituée en... 1965.

## L'hôtel Groslot

Le maire d'Orléans a bien de la chance : il officie dans l'un des plus beaux hôtels de ville. L'hôtel Groslot fut construit en 1550, et agrandi au XIXe siècle. Tout de briques vêtu, mêlant Renaissance et néo-gothique, il vit en 1560 la mort du roi François II, après un an de règne seulement.

Au bord du fleuve, le marché Charpenterie s'abrite sous de drôles de champignons géants récemment poussés par la grâce du béton. Il passe encore des péniches sur la Loire, mais l'activité portuaire est bien ensommeillée. Le canal d'Orléans, creusé au XVIIe siècle, permettait la liaison entre la Loire et la Seine. Il est aujourd'hui déclassé, et aligne ses écluses à Combleux, entre les maisons de mariniers plantées sur des îlots.

A Châteauneuf-sur-Loire est le musée de la Marine. Et à Tigy, au sud, celui de l'Artisanat rural ancien.

La cathédrale d'Orléans.

## L'hôtel Cabu à Orléans

Cet hôtel particulier du XVIe siècle est remarquable par sa façade étroite encadrée de deux tourelles en avant-corps. Il abrite le Musée historique et archéologique de l'Orléanais. On peut y voir de magnifiques animaux et figures en bronze gallo-romains.

Tigy accueille aussi chaque mois de mai une foire aux asperges. Après le siège de Paris de 1870, un gendarme démobilisé rapporta d'Argenteuil des griffes de cette asperge fine et dure qui n'est autre que la variété sauvage apprivoisée. Elle est cultivée en grandes quantités dans l'Orléanais. Sa petite section la rend très propice à l'utilisation en « mouillettes » pour les œufs à la coque. Simple, mais original et délectable !

Au nord de la Loire, c'est la forêt d'Orléans, qui, avec ses 40 000 hectares, est la première forêt domaniale de France. Elle était auparavant, et depuis Hugues Capet en 987, dans le domaine royal. Elle abrite une faune diversifiée, et notamment des espèces rares de rapaces. Autant dire qu'on peut s'y promener en toute tranquillité.

A Sully-la-Chapelle, au cœur de la forêt, le château de Claireau fut érigé en marquisat par Louis XV. Un beau château sur l'eau avec des ponts et des

Orléans, une des rives de la Loire.

## Le château de Chamerolles

Ce château a été récemment restauré par le département du Loiret. Au bord de la forêt d'Orléans, c'est un beau château Renaissance édifié au XVIe siècle sur des bases moyenâgeuses. On y entre par un pont-levis lancé sur des douves, pour découvrir une belle galerie et, à l'intérieur, un musée des Parfums. Derrière le château s'étendent des jardins garnis de plantes rares, qui rendent la visite instructive autant que récréative.

terrasses à balustres. Le château de Combreux abrite le chenil d'un grand équipage de vénerie du cerf. Au nord de la forêt, le château du Hallier est monumental : enceinte renforcée de dix grosses tours, douves en partie comblées, abritent des bâtiments Renaissance.

Le château de Bellegarde n'est plus en forêt : le gros donjon entouré d'eau est plus démonstratif que défensif. Il est entouré de neuf pavillons éparpillés dans le jardin public de la ville.

Retour en forêt d'Orléans, pour aller humer les parfums de Chamerolle. Et les gourmets pousseront jusqu'à Pithiviers pour y déguster une grosse pâtisserie feuilletée et fourrée d'une crème à l'amande ou de fruits confits. Et aussi le pain d'épice, qui y a été inventé. Par contre, on ne trouve plus de safran, dont la culture si délicate, la cueillette

## Le château de Châteauneuf-sur-Loire

Le « château neuf » datait du XIe siècle. Il fut reconstruit au XVIIe siècle de si belle manière qu'on l'appela le « petit Versailles ». Et en partie détruit au XIXe.
Il en reste des éléments qui abritent la mairie, un parc à l'anglaise, et le musée de la Marine de Loire, qui se prolonge sur les berges où sont amarrés des bateaux traditionnels.

si minutieuse ont fait abandonner la culture, alors qu'au siècle dernier le Gâtinais assurait 20 % de la production mondiale, vendue plus cher que l'or. Car, sans safran, adieu paella, adieu bouillabaisse, adieu risotto ! A Boynes, un musée relate l'histoire de cette culture introduite par les Romains.

Les amoureux des canaux reviendront par Montargis, qui possède cent vingt-six ponts et cinq rivières, et fabrique de délicieuses pralines. Et les amoureux des arbres reviendront par Nogent-sur-Vernisson et l'Arboretum des Barres. Cette propriété de la famille Vilmorin (oui, les graines) est ouverte au public. On y découvre près de trois mille espèces d'arbres venus de tous les coins du monde.

Au village de Combleux, le canal parallèle à la Loire réalisé au XVIIe siècle.

Le vignoble de l'Orléanais borde la Loire, essentiellement sur la rive gauche. Ce fut un vin prestigieux, servi à la table de Charlemagne, de Louis XI, choyé par François Ier. On le redécouvre aujourd'hui, comme

## L'oratoire de Germigny-des-Prés

Cette église est contemporaine de Charlemagne ! A l'origine, c'était un petit bâtiment en forme de croix grecque. L'ajout d'une nef pour en faire une église paroissiale l'a défiguré, mais le plan est bien lisible à l'intérieur. Simplicité et recueillement dans l'un des plus anciens oratoires conservés de la chrétienté, avec au plafond d'une des absides une très belle mosaïque représentant la main de Dieu bénissant l'Arche d'alliance.

## L'abbaye de Saint-Benoît-sur-Loire

Saint Benoît, fondateur du monachisme occidental, est enterré dans cette abbaye bénédictine qui connut un grand rayonnement dès le VIIe siècle. Les bâtiments conventuels ont disparu à la Révolution, mais l'abbatiale a survécu. Les bénédictins y sont revenus depuis 1944. L'imposante tour-porche est un bel exemple d'art roman.

Une voûte brisée tranche curieusement sur l'ordonnancement des voûtes rondes de l'art roman.

son voisin des Coteaux du Giennois.

Ce très vieux vignoble est en renaissance. Il semble avoir été cultivé par les Romains. Vin servi à la Cour du temps de Charles V, il se tira mal de l'épidémie de phylloxera au XIXe siècle. La vogue du sancerre l'a tiré de l'ombre, et des replantations lui ont permis de dépasser la centaine d'hectares et d'obtenir l'appellation d'origine contrôlée. Vins rouges, blancs et « gris » que l'on accorde aux charcuteries et aux fromages régionaux : à commencer par l'andouillette dont Jargeau, à l'est d'Orléans, s'est fait une spécialité. Quoique la tradition soit plutôt à une « andouille » de poitrine et de porc, qui est en fait... une saucisse. Peu importe, la Confrérie du Goûte-Andouille sait ce qui est le meilleur. Le vignoble de Jargeau était jadis réputé pour ses vins rouges. Louis XIV s'y arrêta en 1659, au château de la Queuvre, construit en brique et pierre et agrémenté d'un escalier extérieur à vis.

Et voici les fromages : l'olivet, fromage de vache à pâte molle dont se régalait Balzac. Le pithiviers (à ne pas confondre avec la pâtisserie), assez proche mais plus relevé. Et le vendôme, souvent présenté cendré.

La région est gourmande : Olivet, au sud d'Orléans, outre son fromage, a donné son nom à une cerise et fabrique de l'eau-de-vie de poire. A Sully on vend des « langues de femmes », qui sont des tuiles aux amandes et aux noisettes. A Gien, la spécialité est le pâté de grives.

La ville de Gien présente un beau panorama depuis les rives de la Loire. Le château domine de toute sa masse la ville dont une grande partie a été détruite lors d'un bombardement en 1940 — mais la reconstruction est bien réussie. Gien est mondialement célèbre pour sa faïence dont on peut visiter l'usine de production.

## Le château de Sully-sur-Loire

C'est pour avoir acheté en 1602 ce château érigé en duché-pairie que Maximilien de Béthune, surintendant des finances du roi Henri IV, passa à la postérité sous le nom de Sully. Au fort donjon défensif du XIVe siècle, couvert d'une charpente qui a traversé six siècles (« le plus bel exemple de charpenterie du Moyen Age », selon Viollet-le-Duc), fut rajouté le « petit château » remanié par Sully. Celui-ci y rédigea ses Mémoires (et les fit imprimer au château), dont on retiendra comme tous les petits écoliers que « pâturage et labourage sont les deux mamelles de la France ». On visite ce château pour le souvenir de Sully, mais aussi pour la beauté du site : peu de châteaux ont pour douves le plus grand fleuve de France !

## Le château de Gien

Dominant la ville, le château de Gien, daté principalement du début du XVIe siècle, a été restauré après avoir été bombardé en 1940 comme une grande partie de la ville. Les façades sont couvertes de briques en motifs géométriques, étoiles, losanges et cercles dont tous n'ont pas livré leurs mystères, mais qui sont sans doute des références maçonniques. C'est un château royal, qui fut habité par Anne de Beaujeu, fille de Louis XI et régente de France, mais aussi par Henri II, Charles IX et Henri III. Le département du Loiret y a installé un musée de la Chasse qui fait la part belle aux collections de vénerie, et présente un ensemble très important du grand peintre animalier François Desportes.

## Le pont-canal de Briare

Etrange expérience que de déambuler sur ce pont, qui fait traverser la Loire au canal de Briare. Ce canal creusé au début du XVIIe siècle permet de relier la Seine à la Loire. Mais l'accès à la Loire était dangereux, et il fallut attendre 1896 pour que le pont-canal soit réalisé par Gustave Eiffel. A l'utilitaire, ce pont, qui est le plus long d'Europe dans sa catégorie, joint une majesté due à sa décoration : stèles, lampadaires couronnés, alignements d'arbres...
Pour mieux comprendre l'ancien procédé de franchissement de la Loire, une maquette animée est présentée à la Maison des deux marines de Briare.

## Le château de Saint-Brisson-sur-Loire

Ce château fort du XII^e siècle haut perché sur la Loire a été plusieurs fois modifié, tout en gardant ses six hautes tours. Les douves sèches accueillent aujourd'hui des machines de guerre médiévales que l'on actionne tous les dimanches en été !

## Le château de Pont-Chevron

Croirait-on, en voyant cette grande demeure classique, de style Louis XVI, avec un avant-corps arrondi et deux ailes en légère avancée, au fond d'un vaste parterre, que Pont-Chevron a été construit en 1900 ? C'est pourtant le cas. On doit cette belle réalisation à la famille d'Harcourt.

A Briare, nous retrouvons la complexité du réseau fluvial. Ici les ouvrages d'art deviennent des œuvres d'art. Briare est aussi à l'origine d'un procédé de fabrication des émaux, élaboré au XIXe siècle, et relaté au musée de la Mosaïque et des Emaux. On y fabriquait aussi des perles à collier, qui parfois ont servi de monnaie d'échange — la fameuse verroterie — aux explorateurs des contrées africaines.

## Le château de La Bussière

Le château de La Bussière fut au centre d'un très important domaine agricole, comme en témoignent les énormes greniers à grains en brique rose losangée de noir. Le château Louis XIII a pris place sur un étang, entouré d'un parc aménagé par Le Nôtre. Les modifications du XIXe siècle n'ont pas altéré la magie du lieu.
Le château est aussi un musée de la Pêche qui présente d'innombrables instruments, dessins, objets de table, et jusqu'à un rare cœlacanthe empaillé. Ce poisson, qui n'a pas changé depuis 400 millions d'années, fut découvert près des îles Comores en 1938.

# Le Sancerrois et le pays Fort

C'est un pays de vignes bien sûr. Mais aussi pays de bois plus aimable que leur nom ne le laisse penser. Et pays mystérieux que le Sancerrois, entre Sologne et Berry. La sorcellerie est une image d'Epinal du Berry. On lui fera un « sort » en visitant le musée que lui consacre la ville de Blancafort. A-t-elle un présent, un avenir ? Ce ne sont pas choses dont parlent les guides touristiques.

Le Petit-Château, à Autry-le-Chatel, porte mal son nom : s'il a succédé à un autre château ruiné, c'est une construction plutôt développée, avec un logis allongé et deux tours rondes. De l'autre côté de la forêt de Brisson, la

Page de gauche

**Au Nozet, toute la fantaisie néo-gothique : tcnnelles, lucarnes et clochetons entremêlés.**

commune de Beaulieu-sur-Loire abrite le château de Courcelles, reconstruit au XVII^e^ siècle sur des fondements médiévaux ; et celui d'Assay, donné en 1430 à des Ecossais par le roi Charles VII. Malgré les rajouts, il garde un aspect médiéval : pont-levis, poterne, et chemin de ronde.

Longeant la Loire, nous trouvons encore Villattes, construit au XV^e^ siècle par le comte de Nevers, et agrémenté d'une tour polygonale et de fenêtres sculptées.

Puis Buranlure, en Boulleret, qui n'a pas été modifié depuis sa construction au XIV^e^ siècle. C'est un bel édifice rural, coiffé de briques, organisé autour d'une cour fermée à laquelle on accède par un pont dormant.

Et le château du Peseau, qui garde derrière un châtelet défensif de beaux corps de bâtiment du XVIII^e^ siècle.

## Le château de Blancafort

Un beau château XV^e^ remanié ultérieurement. L'aspect de maison forte dû à ses tours d'angle a été agrémenté d'une galerie à arcades et d'un jardin à la française. Ce château privé est garni d'un beau mobilier.

## Le château de La Verrerie

Autre construction des Stuarts écossais, le château de La Verrerie est isolé dans une belle campagne. Les constructions s'étalent du XVe au XIXe siècle, mais forment un ensemble homogène, souligné par une belle galerie Renaissance.

Aubigny-sur-Nère est une terre écossaise en pays solognot. L'origine de cette situation originale réside dans l'alliance de Charles VII, le roi de Jeanne d'Arc, avec les Ecossais, ennemis tutélaires des Anglais. En récompense de leur aide, les Stuarts reçurent cette ville et son château, auparavant dans le domaine capétien.

La dynastie écossaise n'a quitté Aubigny qu'au XIXe siècle. Qu'en reste-t-il ? De belles

## Le château des Stuarts

Le château des Stuarts est aujourd'hui l'hôtel de ville d'Aubigny-sur-Nère. De la construction du XVIe siècle reste un beau châtelet d'entrée complété de deux ailes. On y visite un musée de l'Alliance franco-écossaise. Les jardins sont attribués à Le Nôtre.

maisons à pans de bois, construites après un incendie du XVIe siècle. Des souvenirs de la duchesse de Portsmouth, amie de Louis XIV et amante du roi d'Angleterre Charles II. Un musée de l'Alliance franco-écossaise. Les festivités de juillet où la ville se met au kilt. Et, plus loin, le château de la Verrerie.

Henri Alban Fournier était originaire de La Chapelle-d'Angillon, dont le château lui consacre un musée. Mort jeune pendant la Première Guerre mondiale, il n'a signé qu'un seul roman — et quel roman ! « Le Grand Meaulnes » —, où l'amour romantique se dilue dans les vapeurs de Sologne.

La Chapelle-d'Angillon fut aussi un franc-alleu : la principauté indépendante de Boisbelle, qui battait monnaie et était reconnue par les rois de France et possédée par d'éminents personnages : Diane de La Marck, héroïne de « La Princesse de Clèves ». Et Sully, qui acheta Boisbelle en 1605 et édifia sa

## Le château de Boucard

Un château tranquille, dont l'aspect primitif de forteresse a été atténué par la cour Renaissance et l'ouverture sur le parc. Face au châtelet qui surmonte l'ancien pont-levis, on y accède par un pont sur les douves. Le château accueille en été des concerts de musique classique.

## Le château de Maupas

Une grande tour de cinq étages, datant du XVe siècle, domine le château de Maupas, dans un environnement forestier. L'escalier est gourmand : il est orné de 900 assiettes de faïence de toutes origines.

capitale à Henrichemont, nommée Henrici-Mons en l'honneur d'Henri IV : l'indépendance ne dispense pas de la prudence !

Henrichemont est construite en forme de rose des vents. Les tanneries qui assuraient sa prospérité ont disparu. Aujourd'hui, on y trouve une poterie de pièces monumentales.

Comme à La Borne, où l'on cuit la terre depuis le XIIIe siècle. Il y a cent ans, on y dénombrait près de cent potiers. Il en reste la moitié, ce n'est déjà pas si mal ! Le petit village est bien sûr riche d'ateliers, d'expositions, et du musée Ivanoff, un céramiste moderne qui y avait son atelier. Des pièces plus classiques sont présentées dans un second musée.

Dans le pays Fort, les prairies sont closes de haies vives, et les rivières sont nombreuses. C'est un pays de bois et de bocages. De vergers aussi, comme autour de Saint-Martin-d'Auxigny, contrée qu'on appelle le Terreville. Les pommiers et les poiriers, bâchés durant l'été, dessinent des arabesques tout au long des collines.

A Menetou-Salon, on vient voir le château reconstruit au XIXe siècle, mais aussi un curieux musée des Lampes à huile. Et, bien sûr, le vignoble. Sur 300 hectares, il donne des rouges fins de pinot noir, et surtout des blancs de semi-garde, séveux, soyeux, parfois plus fermes que les sancerres. Le village de Morogues est un cru réputé.

Le vignoble s'effiloche vers l'est pour rencontrer celui de Sancerre.

La gloire du sancerre est universelle, et les 2300 hectares

## Le château de Menetou-Salon

Qu'on aime le XIXe siècle quand, comme ici, il donne une lecture si maîtrisée de la Renaissance ! Il ne reste rien de la forteresse construite au Xe siècle. Les modifications du siècle dernier ont visé à reconstituer l'atmosphère de l'époque de Jacques Cœur, qui en fut propriétaire au XVe siècle.
Le jardin comprend un labyrinthe d'inspiration gothique. L'intérieur est richement meublé, comme il convient à une demeure princière. Les écuries accueillent un musée de Véhicules anciens réunis par le prince d'Arenberg, propriétaire du château.

ne suffisent pas toujours à la demande. Les vins sont marqués par les différents sols qui se partagent les belles croupes montant à l'assaut de la ville. Le sancerre est un vin de plaisir immédiat, sec, rond, souple et néanmoins vivace. Il accompagne à merveille les poissons et les fromages de chèvre, dont le plus connu est le crottin de Chavignol, qui bénéficie d'une appellation contrôlée.

Ce fromage de chèvre se présente en petites boules aplaties, légèrement bombées au centre, avec une croûte fine et régulière, couverte ou non d'une moisissure blanche ou bleue. Sa texture va du fondant, s'il est frais, au cassant, s'il est sec.

Sancerre est une petite ville, pour la marée humaine qui l'envahit à la belle saison. Les ruelles étroites se recoupent en dégageant quelques placettes aux dénivellations féroces ! Les ruines du château surmontent ce labyrinthe. Il fut édifié en 1153 par

Etienne de Champagne, premier comte de Sancerre. La ville, devenue huguenote, subit un siège de six mois. Châteaux et fortifications furent finalement rasés.

On vient à Sancerre pour la beauté des paysages et la fraîcheur des caveaux. Et aussi pour des pâtisseries, croquettes et lichoux de Sancerre.

On sent que la Bourgogne est proche. Elle n'est qu'à une traversée de la Loire. Mais le vignoble de Pouilly n'en est pas moins ligérien. Le cépage utilisé est le sauvignon, comme à Sancerre. Le Pouilly-Fumé a réduit à la portion congrue le Pouilly-sur-Loire, qui utilise, lui, le cépage chasselas.

Le Pouilly-Fumé est un vin de grande classe, ferme, qui doit vieillir quelques années. Les bons millésimes supportent un passage sous bois qui en accentue la vigueur.

Un dernier tour sur la rive gauche pour saluer le château de La Grange-Montalivet, construit autour de 1600. Le logis est couvert d'un dôme et entouré de deux pavillons identiques, face à un beau parc.

Un dernier tour sur la rive droite pour saluer le grand château de Mesvres-sur-Loire, d'un style néo-Renaissance dont seul le second Empire eut le secret... et nous laisserons le grand fleuve, dont les rives remontent encore bien loin, jusqu'au Massif central. C'est de cette terre élevée et dépeuplée qu'il coule, grossi pied à pied par des ruisseaux, pour irriguer le bassin où s'est si souvent décidée l'histoire de France, pour le plus grand intérêt des amateurs de châteaux.

Vignobles de Sancerre.

# Table des matières

Lille - Rennes

Éditeur Anne Cauquetoux
Coordination éditoriale Solenne Lambert
Conception Studio des Éditions Ouest-France
Cartographie Patrick Mérienne
Mise en page et photogravure Graph&ti, Cesson-Sévigné (35)
Impression Imprimerie de Champagne, Langres (52)


ISBN 978-2-7373-6238-5 • N° d'éditeur 7342.03.1,5.05.15
Dépôt légal : mars 2014
Imprimé en France
www.editionsouestfrance.fr